心灵需要一场雨

Soul Rain

愚夫现代诗歌集

Free Verse Poems by Yu Fu

繆斯國際文化出版社

MUSE INTERNATIONAL PRESS

U. S. A.

ISBN-13: 978-0983875376
ISBN-10: 0983875375

心灵需要一场雨

Soul Rain

著　　者：愚夫
责任编辑：艾米丽·陈
封面设计：夏冰
出　　版：缪斯国际文化出版社(美国)
发　　行：亚马逊（www.amazon.com）全球发行
出版日期：2014 年 9 月 30 日
总 页 数：268
开　　本：5.25 英寸 X 8 英寸
字　　数：253 千
书　　号：ISBN-13: 978-0983875376 /ISBN-10: 0983875375
印　　刷：亚马逊（www.amazon.com）第一次印刷
定　　价：$6.15 (美元) £4.35 (英镑) € 5.75 (欧元) ¥32.95 (人民币)

PUBLISHED IN THE UNITED STATES OF AMERICA BY
WINGSASCLOUDS PRESS
AN IMPRINT OF MUSE INTERNATIONAL PRESS
WWW.MUSEINTERNATINAL.BIZ

代序

晨曦

送走转瞬即逝的 2013 年，回首当下的诗坛，这里却早已是人际寥落门可罗雀的凋残。无数曾经在这里呢喃婉转的鸿鹄燕雀，毅然决然掠过这片曾经的繁荣各自投林，于渺远的天际最终定格为最后的影像。

如果此时你走进《心灵需要一场雨》，如果你还有足够的耐心浏览她，于是你便能看到一位来自古都钟山侧畔的书生；一位天生感性细腻的南国诗人，驻足于空旷寂寥之中奋力呐喊。

他有着最真实的文人声音，还有着一个孩童赤子般的纯真，虽混迹红尘岁月过半，却并无半点世俗的恶浊洇染，无论是消极的悲观还是真实的自我慰勉，一切都是那样的天成自然，这就是愚夫先生，一位罕见率真的江南诗人。

于晨曦看来，真正能够称得上“诗词”的文字是神圣的，因为那个最辉煌的诗歌时代巅峰至今已无法超越，于是当代能够称得上好诗词的的确不多。在我的意识里一向鄙视那些每日里闲愁万种；那些百无聊赖的无病呻吟；那些动辄用古韵古辙的词句作为装饰，而骨子里却尽是言之无物的文字，其实这些是很难达到文化推动和文明的辅助功效。所以，我一直不敢轻易涉猎这个领域，唯恐自己的轻慢无知亵渎了她。

于是，诗人一向是一个很难界定对错的人群。

于是，诗人一向是一个既超越时代，又滞后于某些文明发展的群体类别。

走进愚夫先生的世界，我们面前便展开出琳琅斑驳的生活画面，纷纭明暗的社会层面。无论是他生活的环境，还是与他有关联的人物，甚或身边的一点一滴亦能顺遂融入诗的氛围。在这里，诗意的表现没有固定的模式，在这里诗绪的流动格外随意。有时是口语化的自嘲，有时是孩子般的无奈，有时是片刻的心灰意冷，有时是热血喷张的愤怒，特色人群最具敏感的心性在这里得到淋漓尽致的诠释。

我们看待一位与文字有关的人，即使是一位资质异常优秀的诗人，纵然是一位天生妙笔生花的高手，真正能恒久绽放不衰的鲜艳也很难，所以我们不必苛责求人。诗人也是人，那么从情理上我们也应该理解他们所表露的真实喜怒，他们的绝望和愤懑，他们的呼吁和抗争，他们的感叹和温婉，一切皆由人性的合理发展，无非这一切是用了文字的情感所填充。

走进愚夫先生的世界，接触一个血肉丰满感性飞扬的诗人。

走进多棱的思维世界之中，体会一份与众不同的文字与心境。

也许只有不同的风景和视角，才是我们最能领略这个世界多样美好的重要之途径。

2013 年冬于青岛

目录

代序 3

向日葵 9
约会 10
诗短情长 11
长夜惆情 13
“麻雀”15
种下希望…… 16
我多想…… 18
入会审查 20
心灵需要一场雨 23
茶馆偶感 24
赠一新贵 25
捕获春色 27
唱出一生壮丽的诗篇 29
无言的结局 30
一个久远的故事 31
永远的念想 33
搁下你的笔 35
我需要这样的快乐 37
我是否已经落伍 38
暮色长歌 39
季节的断章 40
叶子 42
荷尔蒙的作用 43
中秋 44
我的母亲 46
秋风 49
我的师傅 50
中秋秦淮夜愁绪 52
中秋 53
当爱来时 54
逛街 55
生命的红绿灯 56
今天，你是否依然微笑 58
亡妻 11 周年祭 59
我的心中没有九月 61
九月的情绪 63
人与大自然 64
诗歌的解放 66
公交车上 67
主人与狗 68
猫的蜕变 69
诗人的笔 70
林黛玉 71
石头城 72
山林夜曲 74
假日祖籍行 76

晨练 78
约会 79
晚宴 81
南京怨 83
怀旧 84
“诗人”的幻觉 85
信仰的葬礼 87
我的家乡 88
赠J市长 89
捕捉月亮 91
精神救赎 92
汉武帝的自辩词 93
枯木逢春 95
最后的呻吟 96
睡去吧 97
一片落叶 98
谁说热恋的人幸福 99
串起的梦 100
春天，你一定要回来！101
别了，浦口火车站 103
永远的秘密 104
大洋的思念 105
叙利亚，我为你纠结！107
冬天来了，春不会远！109
鸿雁哀歌 110
写在朝鲜战争63周年纪念日 112
残秋中的顿悟 114
依然的伤痛 115
你是我的幸福 116
我想你 117
中国远征军 118
希望这不是永别 120
写给徐志摩 122
岁月的盘点 124
菊花与太阳 126
由恒大夺冠想起 127
惆怅的冬季 129
屈辱与伟大，永远的司马迁！131
雨声 133
今夜无眠 134
爱，只要真诚 135
诗词的衰落 136
坚守与落伍 138
今夜，我能否睡好 139
暮秋的心 141
城市，期待着一场雨 143
写给她，我的妻子 145
安魂曲 147
醒来 149
落寞 151
明天将会怎样 152
生日 154
暮色抒怀 156
江南残秋 157
当死亡来时 159
我该怎么办 161

为中国划设防空
识别区作 162
这世界让人无法安歇 164
献给自由战士曼德拉 165
但愿人类真正醒来 166
遥远的记忆 167
祖国，请您给我
一杆枪 168
献给她 169
岁月风化着我的叹息 170
思想者的苦恼 171
由张成泽被黜想起 172
我该写什么？174
游阳山碑材 175
臆想，等待 177
遇见你 178
婚外情 179
一首晦暗的诗歌 180
医院途中的偶感 181
黑夜的救赎 182
拜谒孙中山陵寝 183
写给我，也写给你 185
请你不要伤心 186
圣诞的咏叹调 187
一种情绪 188
古城的担忧 189
当圣歌再次唱响 190
一位厂长的札记 191
有这样一个女人 193
空间寄语 194
荒唐的念头 195
精神• 物质 196
黑夜的情绪 197
别揭开真相 198
当新年的钟声响起 199
饮一壶月光 200
我该如何下笔 202
一本发黄的日记 203
晚霞 204
爱 如同罂粟 205
念想与孤独 206
人物画像 207
唢呐手 208
环卫工人之歌 209
致我的网友们 211
凤凰台怀古 212
知足就可以安身立命 213
梦中的探戈 214
诗歌的出路 215
五月的情歌 216
为了它，我不再沉默 217
如果…… 218
那年的一位校长 219
初遇唐诗 221
挖凿防空洞的年轻人 223
让时间永远定格
在那一刻 225
医生 227

梅花姑娘 229
修路 230
献给煤工 231
送给称霸者 232
给“三联动”改革中的权者 234
我的表舅 236
二疯子 238
问你，激情还能燃烧多久 240
孤独者的自恋 241
把爱刻在心上 242
烦恼 243
山谷里的感动 244
钱与肉的交换 245
我该如何回答 246
与诗歌无关 247
当爱死去 248
我变了 249
人生旅途 251
亲爱的，我的心丢了 253
除夕之夜的情绪 255
唱起新年的歌 257
主义的崇拜 258
月下的独白 259
风中的情绪 260
灰涩的青春 261
海燕 262
梅岭恋曲 264
我们的真理 265
激情燃烧的岁月哪里去了 266
爱需要真诚 267

诗人简介 268

向日葵

夏天来了，花在开放
你笑得，脸上一片金黄

在我童年居住的地方
房前屋后，你
像哨兵一样排列
眼睛，总盯着太阳

秋天来了，你脱下盛装
流着泪，斩断了自己的梦乡

2013-08-22

【注释】
流着泪：向日葵的籽主要是用来榨取葵花籽油的。所以，这里用流泪比喻榨油时油的流淌。

约会

丽人甜美的含笑
倾倒了风流的少年
溢出眼眸的秋波
染红了俊秀的面容
怦然的心跳声
淹没了羞涩的语言
今晚，只有目光的温存

时间过得真快
两杯酒刚下肚
月亮就爬上了枝头
年轻的服务生啊
请你不要过来催促
我对意中人的心里话
到现在还没有说出

2013-08-23

诗短情长

也许，我将孤独一生
但，我仍要在此时
把我炽热的情感
深埋在忧伤的诗歌里
使你在许多年以后
还能读出当年的我
曾有过一段似水的柔情

写完的诗歌留在了空间
我便要匆匆地离去
也许，今天的告别
将是你我今生的永别
从此，我会杳无音讯
故乡，是我最好的去处
在那里，泪落下
即可汇入屋后的小河

你把思念留给了我
使我的夜变得那么漫长
我无数次地问自己
死心塌地，那将会是怎样
窗外，一片死寂
月光，一片惨淡

只有我在默默地想
却总也找不到答案

2013-08-23

长夜惆情

夜
不再那么黑暗
灯光
宛若满天的星

脆弱的神经
呼吸着燥热的空气
每一个细胞
都在喘息

夜色
诱惑了我的幽情
我躺在松软的草坪上
盘点起人生的收获
空空的岁月皮囊
仿佛什么也没装过
青春、爱情、荣耀

我闭上疲惫的眼睛
酸楚的灵魂
穿透时空
在躯壳中游荡
从黑暗中离去

又走入黑暗

2013-08-24

“麻雀”

早晨，太阳刚刚升起
麻雀就成群飞来
在稻田上空盘旋

田垅上扎有稻草人
麻雀们早已识破
只有巡田人的吆喝声
才会使它们
从一块田地飞起
又落到了另一块田地

唉，麻雀就是麻雀
它比不得布谷鸟
贪食的本性
使它们前仆后继
即便是你张了网
也很难将它们捕尽

2013-08-25

种下希望……

在广袤的原野上
风涌起金色的波浪
烈日下，那些农民
那些勤劳、纯朴的人们
挥汗如雨地
穿梭在打谷场和田间

他们干得十分卖力
不敢有丝毫的懈怠
既使扁担压弯了脊梁
脚步依然那么急速
成熟的稻谷容不得耽搁

今年的收成不错
但农民的收入却很少
除去昂贵的化肥和农药
到了手中的所剩无几
唉，这往后的日子……

生活即便是这样
可是，日子总不能停下
等收拾完了稻谷，他们

还得把土地翻过身来
再种下明年的希望

2013-08-26

我多想……

我站在遥远的地方
猜想着她，不知此时
她在干啥。在办公室里？
还是在家中？我猜想不出。
因为，她是一位女神，
一位翱翔在天空的
美丽的自由女神。
我抓呀，抓呀，
怎么也抓不住她。
她，又是一首诗，
一首难以读懂的诗，
我费尽了心思，
却总也捉摸不透她。
于是，我的猜想
就如同一个梦，
在黑色的温婉中
幽灵般的浮动。

我捉摸不透她，
却可以想象她。
因为，她的诗歌里
早已勾勒出，她的形象

知性、典雅、温婉，
还有那么一点点娇嗔。
一席长裙，它簌簌着垂下，
仿佛遥宫的纬幔。
瀑布般的黑发
在空中飞扬，
散发着诱人的迷香。
她静静的，如同
一尊玉色的雕像；又如同
今夜皎洁的月光。
我困顿着，因为
我看不见她，时空
阻隔我那久远的怀想。
啊，我多想看见她，
让她甜美的笑声
萦绕在我的耳边；
啊，我多想接近她，
让她光泽的肌肤
浸润我，衰萎的胸膛。
我多想说：女神，
你能否像田螺姑娘那样，
在一个没有人的时候，
让我冰冷的饭锅里，
也飘出诱人的饭香。

2013-08-27

入会审查

8 月 27 日上午，愚夫经历了一场加入南京诗词学会的资格审查，特做小诗一首，以示调侃和纪念：

一间小屋，
两张桌子，
三位判官。
一个声音轻唤道：
把愚夫押上来！
只见，一半拉小老头，
颤颤巍巍地，
进入了雅堂。
一双小眼，
滴溜溜地，
向四处张望。
三位判官，
危襟正坐，
六目怒视，仿佛
想把眼前的他，
一眼看透。
愚夫，你有何罪？
快从实招来！
只见，那半拉小老头，
满脸堆笑着，

从鼓鼓囊囊的包中，
掏出了两本诗集，
和一堆诗刊。
然后，怯生生地答道：
判官，这些都是我的犯罪证据。
那声音听起来，
似乎有点微颤。
一位年轻的判官走上前，
翻了翻那堆书刊，
回头向审判台点了点头。
一位童颜鹤发的判官，
推了推架在鼻梁上，
那付瓶底似的眼镜，
斯条慢理地说道：
嗯，你的犯罪证据已齐全，
只是你的犯罪动机又如何呀？
但见，那半拉小老头，
似乎比进来的时侯，
勇敢了许多，
回答判官的提问时，
竟也能口若悬河。
庭审结束，本庭宣判！
惊堂木突然响起。
愚夫，鉴于你罪行累累，
犯罪证据确凿，
现本庭判决你：
自即日起入会。

啊，我的改造之路，
从今天起，
将是漫漫而修远兮。

2013-08-28

心灵需要一场雨

一次聚会，
岚对大家说：
外面下雨了，
雨下得很大。
接着，她又说：
这雨下得真好，
明天，空气
会格外清新；
天空，也会
一片湛蓝。
听完了她的话，
我的心一动。
然后，默默在想，
我们的心灵，
是否也需要，
下一场雨呢？

2013-08-28

茶馆偶感

牌友们在茶馆坐下
一副扑克，几杯清茶
唉，人总是会疲惫的
来这里，便会绽放心花

做男人不易
我原本就知道
可没想到
岁月催人老
回首往事
却是满腹懊恼

哎，换杯咖啡
我向服务生高喊着
牌友们不解地看着我
哟，这家伙今天反常
是的，清茶太淡
它已不能压抑心中的遗憾

我一边呷着咖啡
一边品味着人生
熄灭已久的激情火苗
又在体内轻轻燃烧

2013-08-29

赠一新贵

愚夫本是一个企业改制的积极拥护者，并亲身参与了本市的改制全过程，也还充当过一些组织、领导的角色。然而，通过改制，一方面，大批工人下岗失业；另一方面，又一夜之间产生了许多新贵。愚夫痛心疾首，却又无力回天，唯有洁身自好。现赋诗一首，赠一昔日同僚：

他拥有豪华的别墅
别墅里面有
精美的家具
和昂贵的电器
还有大量的存款
以及年轻的妖姬

改制就是一场闹剧
它为未来的新贵们
提供了敛财的机遇
无数财富的积聚
披着合法的外衣
在一夜之间创造出奇迹

日复一日的酗酒
和毫无节制的纵欲
隆起了他的肚皮
也耗尽了他的精气

如今，即便是使用伟哥
也无法使他入“戏”

2013-09-01

捕获春色

我精心设计了
一次不同寻常的
而又令人心醉的
——孤岛之行
我悄悄地图谋着
能否在这次行程当中
展开诗人独特的风情
和令人玄幻的浪漫
去捕获春色的芳心
那天是，清风拂熙
阳光明媚，鸟语花香

一切来得是那么突然
却似乎都在预料之中
多么温情的幸福
会在梦幻的尽头展开
多么快慰的人生
会从这一天开始

一定会有许多人羡慕我
他们会羡慕地说
嘿，这家伙真看不出来
如今是时来运转

一定也会有人嫉妒我
嫉妒的，在阴暗的角落里
捶胸顿足，咬牙切齿
是啊，难道你不该被人羡慕
难道你不该遭人嫉恨
因为，你毕竟拥有了
这满园的春色

看，一缕缱绻的笑容
在妩媚中迎风绽放
啊，多么美妙的春色
我感受了你
那温情的一刻
我目睹了你
那流光溢彩的瞬间

2013-09-01

唱出一生壮丽的诗篇

是什么，静静地落下，
燃起漫天的万紫千红；
是什么，默默地走来，
翻越冰雪未融的丛山峻岭。
鸟儿晦涩地唱道：
是夕阳，落山的夕阳如血。

在身后崎岖的小路上，
留下我深浅不一的足迹，
和落日余晖下的斜影。
未来的路将会怎样？
时间老人揶揄地答道：
未来的路不会平坦。

是的，未来的路不会平坦。
但是，我决不能停下，
因为，生命它还将继续，
困难又岂能让你止步？
向前，我会用雄壮的歌声，
唱出我一生壮丽的诗篇。

2013-09-02

无言的结局

有月光的窥视下
黑暗中，正孕育着
一场绮丽的，却是
玄幻的春梦
在时间仓促的
脚步里，它
又被碾碎成
黎明的清醒

朝霞射进窗口
鸳鸯枕上
湿润的是伤感
留下的是孤寂
在你我
依依惜别的梦里
悄然邂逅后
是无言的结局

2013-09-03

一个久远的故事

四十年前的一天，农村小子愚夫怀揣着《工厂录取通知书》，背着简单的行李，向南京进发。为了省下几角钱车费，愚夫徒步走了几十公里。从此，愚夫的工厂生活，就从这天开始。有诗为证：

简单的行李，
漫长的路，
我在柏油大道上，
昂首阔步。
心中的工厂哟，
你究竟是咋样？
我在梦里，
把你徜徉。
坳黑的土地，
被甩在了身后；
沿途的美景，
也无法引诱。
心中只盼着，
那工厂的生活，
它快快来到。
工厂的生活，
就这样开始。
挖河、拆窑、铺路，
是半年的熬战和苦度。
繁重的劳作，

军事化的管理，
16 岁的我，脸上，
从未有过流露。
只是饥饿，
常常使我心生愤怒。
学徒的生活，
是那么单调，
又那么，令人可笑。
快速旋转的机器，
让我天旋地转；
破旧低矮的宿舍，
臭虫在床上乱窜。
还有那无休无止的批判，
炸耳的口号声，
常常使我心惊肉颤。
唉，这就是那一年，
一个久远的故事，
它发生在四十年前。

2013-09-04

永远的念想

多少次心中呼唤着你的名字，
多少回梦里把你向往，
多少年含着凄泪把你热盼！
我在江南的烟雨里，
为你书写着炽热的诗行；
你在塞北的朔风中，
为我的深情而慷慨激昂。
隔着千山万水、世俗羁绊，
我在北风凛冽的呼啸中，
感受到你狂野的期望；
我从渐行渐远的大雁里，
聆听到你那无奈的绝唱。

扯不断啊，扯不断，
扯不断地是无休无止的念想。
听，世俗的破钟已经敲响，
道德的卫士们开始粉墨登场，
一场庄严的审判即将开始。
来，给我斟满一杯烈酒，
让它和着我那滚烫的热泪，
在临刑前，醉了日积月累的相思，
醉了长风当歌的心房。

从今以后，无论岁月多么凄凉，
无论污言恶语如何猖狂，
我也时刻把你念，把你想。
把你的名字眷刻在心里，
把对你的思念泼洒在深情的诗行，
来，让我们在柏拉图的指挥下，
共同演奏一场悲鸣的交响。

2013-09-05

搁下你的笔

搁下你的笔
让人歇一歇
无论你有多么纯情
写滥了，诗歌
难免会有点矫情

搁下你的笔
让心静一静
不要以为
你已达到诗的山顶
远处，总有你
写不完的风景

搁下你的笔
让她也享受你
不要以为
别人就该伺候你
休息日，烧它几个小菜
换她惊喜中的温情大礼

搁下你的笔
让人常常与山水相傍

不要以为
你有多么强壮
坐久了，病魔
将会侵入你的器脏

搁下你的笔
让思想回归你的阶级
不要总坚持
你那狗屁的逻辑
浑久了，同僚们
也会对你嗤之以鼻

搁下你的笔
读读书，充充电
不要以为
你是在浪费时间
待回首，笔到
锦绣在人间

2013-09-06

我需要这样的快乐

现在，我需要这样的快乐，
但如今这样的快乐已经很少。
那是在我少年时代的家乡，
在骄阳似火的稻田里，
一位赤裸的小伙伴，递给我一根
刚从藤架上摘下的鲜嫩的黄瓜。

现在，我需要这样的快乐，
但如今这样的快乐已经很少。
那是在我学徒时期的一天，
我因没钱而断了炊烟。一位同事
从他零乱的抽屉里，慷慨地
搜罗出几张零碎的小钱。

现在，我需要这样的快乐，
但如今这样的快乐已经很少。
那是那年在新产品试制的车间，
已经苦战了四天三夜，可谁也不愿离开。
此时，分不清谁是领导，谁是员工，
只有一群满身油污的快乐的“顽童”。

2013-09-07

我是否已经落伍

宴会上，我一边喝着绿色的苦丁茶，
一边木讷地看着，酒精作用下的同党们
涨红着脸，扯着嗓门一气乱侃。
墙上的美女，却在偷偷地向我献着媚笑，
薄薄的胸纱中，隐现着一对迷人的奇妙。

舞厅里，我唱着忧伤的情歌，
因为我实在舞不出欢快的探戈。
同党们却像被刚刚打过鸡血，
昏暗的灯光下，一个个抱着雏女狂舞。
那劲头，就像一群扑向羔羊的猛虎。

车厢里，我坐在一旁默默无语，
同党们的眼睛却闪亮如炬。
他们一边嘲笑着我的迂腐，
一边劝慰我别把日子过得太苦。
诗友们，难道我真的已经落伍？

2013-09-08

暮色长歌

青春的窗户已经关闭，
暮色的大门悄然打开。
一个声音高喊着：
“出来吧，出来，
出来我给你安闲。”
屋内死一般的静寂，
一双惊恐的目光，
怯生生地望着门外。
无情的岁月啊！
你为何如此残虐？
我还没有尝够青春的滋味，
你就要把它吞灭。
如今，我还剩下什么？
剩下的只是，
无边无际的寂寞，
和那记忆中的温柔，
伴我度过漫长的黑夜。
然后，在平仄的世界里，
翱翔于无限的遐想，
展示着诗人怯懦的风流。

2013-09-09

季节的断章

季节总是在悄无声息地来去
我们早已习以为常
只是在这季节的转换中
我们总会习惯性地
揣摩着它的另一端
在寒冬里读着春天的诗
美丽的姑娘和漫山的鲜花
在盛夏里读着秋天的诗
满圆的月亮和遍野的金黄

阳光一步一步的后退
秋终于在且进且退中到来
当我惆怅地回眸着夏季
它的背影，已渐行渐远

秋季的阳光依然是阳光
我已经感觉到它的温情
但我知道，随着温情的到来
隐隐约约，已看到了冬的狰狞

我终将赤裸地走向宁静
就像我赤裸地来到了喧嚣

如果在此以前我曾活在梦里
那么，我是否现在就该醒来

2013-09-10

叶子

一片枯死的叶子
被风抛起，在半空中
划过寒暖泪笑的痕迹
经过瞬间的狂舞
飘然落地

苍翠和灵动
已成遥不可及的回首
一切归于死亡的静寂
无须记取春天的吟唱
也不必计较夏日的喘息

此刻，你会感到
穿越生命的速度
如同耀眼的闪烁
穿过黑暗，将更深的黑暗
留在死去又来的世间

2013-09-11

荷尔蒙的作用

看见那姑娘吗？她多美。
美得让我觉得，若是能
与她生活在一起，
哪怕只是一年，一天，一个小时。
咣，头重重撞上了
透明的玻璃。
窗外，充满着阳光；
窗内，是一片沮丧。

姑娘在窗户外面
消失了。一群孩子
在大街上打闹。汽车
在马路上穿梭。
哦，天气真好，秋风送爽。
我突然热血涌动，一个念头
迅速凝结，它如同春雷
炸响在心房。追上去，
即便只作一次欣赏。
刮胡子，系领带，冲出门外。

脚踏车踩成了风火轮。
看见了，她的背影就在前方……。

2013-09-12

中秋

这是一个传承千年的夜晚，
人们总爱把思念，
搓成一个圆圆的月亮。
然后，静静地坐在月下，
惬意地品尝着一种向往，
柔情地展开丰富的想象。

为了这个美好的夜晚，
游子们穿梭在黎明前的归途，
妈妈忙碌在雾气腾腾的厨房，
爸爸悄悄地拿出家乡的美酒。
问一声：妈妈，您可好？
妈妈早已是眼角含泪，
话语滔滔……。
问一声：爸爸，您可好？
爸爸却默默不语，
上前接过了儿子肩上的袴包。
啊，放飞的思念，远古的情愫，
此时，都凝结在这一刻，
呈现出人间最美丽的流露。在这个温馨的夜晚，
无论是在白雪皑皑的帕米尔高原，
还是在鸟语花香的江南水乡；

无论是风光旖旎的三江平原，
还是在郁郁葱葱的西南边陲，
人们都会捧起手中的酒杯，
举头向着那一轮明月，
且在这一方的宁静中，
和着这杯醇香的美酒，
含情脉脉地，诉说着
绵绵不绝的眷恋；拨起
撩人心弦的遐想。

2013-09-13

我的母亲

愿以此作，献给天下所有的母亲——愚夫

啊，母亲，一个伟大的名字，她
无时无刻不在儿子的心头萦绕。
三百天的孕育，二十年的抚养，五十多年的牵挂，
您，用您的精血，乃至于您的生命，
驱散了笼罩着儿女们生灵的苍暝；
您，用您瘦弱的身躯，和您全部的力量，
撑开了儿女们天空的一片晴朗。

曾听说，那年的夜里，长江决了口，
滚滚的洪水呼啸着，瞬间淹没了村边的杨柳。
可怜的人们啊，纷乱中，谁也顾不上谁，
拼命地争夺着逃生的桨桅。
您，一位身怀六甲的年轻女子，
紧紧地抓住，漂浮在水上的一付门栏，
游啊，游啊，奇迹般地游到了几里以外的彼岸。

还听说，在那个“火红火红”的年代，
您，曾抛家弃子，带领着村里的“铁姑娘”队，
来到了一个荒无人烟的，一望无际的戈壁滩。
二年多的日夜垦荒，二年多的汗水浇灌，
换来的是千亩的良田，和那万担的粮仓。

当报喜的锣鼓声在门前，敲得是震天响，
您，却酣睡在草垛上，浑身上下满是泥浆。

还记得，那一年的那一天，家里断了粮，
就连那可恶的老鼠，它也逃离了米缸。
当锅中的野菜飘散出别样的清香，
您，饿得脸已浮肿的您，却装起了病殃。
当您，看着两个不谙世事的儿子，此时
吃态那么疯狂，吃得那么甜香，
您，苦涩的微笑中，却是满腹的悲伤。

还记得，那年一场“风暴”席卷了僻壤穷乡，
身为校长的父亲，陷入了深深的泥潭。
您，一个被人骂作“走资派”的臭婆娘，
白天，像一只老母鸡，紧紧护卫着她的儿女，
夜晚，又用她女性的柔情温暖丈夫冰冷的心房
母亲啊，我原以为您真得是那么的坚强，
可就在没人的时候，我却看见了您，泪雨滂滂。

还记得呀，还记得，还记得那动人的一幕又一幕。
您的儿女们，纷纷张开了稚嫩的翅膀，
他们一个个从您的翅翼下，飞向了远方。
您，一次又一次地，送一程啊，再送一程，
噙满泪水的脸上，却没有丝毫的凄凉。
儿女们走远了，您还久久地伫立在那里，
望啊，望啊，望断了母亲的一副柔肠。

啊，母亲，您如今已是儿孙满堂，

可当我再回首，再回首把您仔细端详，
岁月已在您的头上压上了厚厚的沉霜，
还有那满脸的皱褶，雕刻着您人生的饱经沧桑。
当我再唱起童年时，您教我的那一首歌谣，
母亲啊，您的目光依然是那么地慈祥。

2013-09-14

秋风

天空，
就像刚被你洗过，
太阳也远了。
睁开腥松的眼，
就听见，你在
轻轻地推窗。

这个季节盛产诗歌。
在你翩翩起舞的田野，
金黄色的波浪，
呈现出壮美的诗河。
花儿虽已凋零，
可你赋予了诗歌，
别样的婀娜。

你吞吐着淡淡的幽香，
我沉湎于你，
柔情的梦乡。
我把你放进文字铸成的玉釜，
烹调出的诗歌，
甘味绵长。

2013-09-16

我的师傅

我跟他学徒时，
他，已面临着退休。
他是一位慈祥的老人，
见了人，总是
满脸的笑容。
他又是一个胆小的男人，
树叶落下，
就怕砸破了头。
他，总爱戴着一顶
皮质的鸭舌帽，
因为，他觉得这样威武。
他的皮鞋，
也总是擦得铮亮，
因为，他感到这样帅气。
就是这样一位
与世无争的小老头，
就因为他曾是一名
中国远征军，
许多人，都想拍死他，
就像拍死一只苍蝇。
而我却时常在没人的时候，
或在漆黑的夜晚，
纠缠着他，

请他给我讲述，当年
那些惨烈的故事。
此时，他总是
噙满着泪水，
哽咽着回到了三十年前……。

2013-09-17

中秋秦淮夜愁绪

气象台播报
雨，在你那儿横行
中秋来了
这月，是否还明

你是诗歌里
挥之不去的忧伤
只有一曲欢歌
在梦中踉跄

平平仄仄
你离我好远
梦里梦外
我欲行又返

秦淮寂寞的夜月
肥沃了我的愁绪
举起手中的酒杯
用一场酣醉
丰满我，爱的纯粹

2013-09-18

中秋

中秋节夜晚
我和母亲一起度过
她就坐在我身边
凝重的神情，和
满脸的皱纹
还有日渐弯下的腰
岁月，它真像一把刀

我独自来到了院外
草丛里藏着蟋蟀
它们在起劲地欢唱
据说，那是雄性在求偶
张大伯家的那只大公狗
盯上了王二婶家的小母狗
急得主人连忙拉紧绳索

今晚的月亮分外明亮
观赏的人，潮水般
在大街上川流不息
满橱窗都是月饼
我买了两块
小心翼翼地藏在心口
回家与母亲相守

2013-09-19

当爱来时

睁开眼睛，是你；
闭上眼睛，是你；
就连在梦中，也还是你。
爱，已种在了心里，
我的心，狂跳不已。
我想对所有的人说：
我的世界里，只有你！

我没想到，在这凋敝的季节里，
我还会有如此的收获。
曾经漫长的孤独，和一间
阴暗、冰冷的小屋，一夜之间
唱彻了欢快的音符。我仿佛
山间顶起岩石的苦竹，或像
一位绝望的渔夫，在天黑前
终于有了丰硕的一捕。风儿
挽起了杨柳，在门外翩翩起舞。

2013-09-21

逛街

每到夜晚，我都会步出小屋到那被灯光剥去外衣
赤裸的大街上去
那里，人们川流不息
他们伸长脖子，贪婪着
眼前的丰腴、光鲜、新潮……
并在低沉的噪声中
惬意地慢慢咀嚼
我看得非常真切。但我
每天还是要去，因为
我也同他们一样，难以
抵挡一切美的诱惑
或许，这熙熙攘攘的人群里
正藏着你心中期待的惊喜
在你不经意的时期
带着几分柔美，带着几分娇嗔
突然，站在了你的面前
那期待的眼刀，直插入你的心底……
人啊，就是爱作美梦
尽管，一次又一次地来
又一次又一次地失望着离去
但大街上依然是川流不息

2013-09-22

生命的红绿灯

欲念和理性
在人们的心中绞杀
轻轻拉开的生命之门
冲动和克制一线之隔
一种情绪
或，走向光明
或，堕入黑暗
那些无法掩去的足迹
最终，都要经受岁月的考证

我徘徊在两可之间
小心地避开着，前行中
那一盏盏红灯
正因如此，就在
绿灯闪起的刹那间
迟疑，却让脚下的路
隐没在纷乱的人流中
当红灯再一次亮起
我却还站立在原地
无奈地唱起晦涩的歌曲

我不断地重复着自己

在避让和欲行中
期待着灵魂的洗礼
寻找家园的路径
需要勇敢，只要不失去冷静
一颗不死的归心
总能在怯懦的迟疑中
敲响前行的鼓钟
这声音虽有点苍凉
但，又有几分悲壮

2013-09-23

今天，你是否依然微笑

浓墨重彩，我把一腔炽热植入诗中
并以生命的力量，投向你的方向
在你还没有醒来之前，将你头顶上的迷象
渲染成，一片炫丽的曙光

在颠沛流离的旅行中，沿途
有着无数的芬芳。而你，则是我
唯一的回望。把眼泪装进行囊，让它
汇集成流，让大海也为此歌唱

秋风来时，我已渡过了九月的河
今天，你是否依然为我保持着
那如初的微笑，站在你我分别的地方
向着我的背影，投以深情地远望

2013-09-24

亡妻 11 周年祭

纸钱飘向了天空
我在风中缄默冰冷的墓碑
在心的野地，落魄

我恐惧这细长的小径
沿途山色青青
花儿格外鲜艳，可这里
是通向死亡的路径

可我一定要来
今天是你的祭日
我试图克制自己
悲痛却无法掩饰

四十年前的相识
十一年前的“走失”
我渴望与你重逢
在初次相见的旧址

苍翠的山野，寻你
你在霭烟中消尽
我愿化作蓝烟中的一缕

升向天空，与你相逢

十一年的思念，悲伤
暗淡了生命，多少
夜色中的凄凉
弥散着，拒之不了的死亡

我便要离去，祭品
你一定要来拿取
在苍冥的天国里
你洒下了潸然的泪雨

我哽咽着把你呼唤
向着风刮去的方向
待到我升入天国的那一天
你我再重建温情的梦乡

2013-09-25

我的心中没有九月

我曾渴望过九月
明媚的阳光，与
林中黄鹂的歌唱
那些苍翠欲滴的深处
藏匿着，狂放不羁的想象

我曾陶醉过九月，幽夜
挽起一轮明月，伴着晚风
看空中的流星雨
这刹那间的美丽，让我心醉

我也埋怨过九月
聆听着狂野的秋风
在楼宇间呶哨，看
一场冷雨
扑打着窗外的芭蕉
以及，风雨过后的一地落叶
这瞬间的凄凉，让我忧戚

后来，我开始诅咒九月
凄咽的哀乐，和

白布下掩去的五十春秋
从此，我的心中没有九月
九月，它曾让我心碎

2013-09-26

九月的情绪

望着远山的翠黛
望着铺天盖地的金黄
九月里，有人
抑制不住的激昂

我诅咒过九月
它曾使我黯伤
但这一望无际的秋光
象一壶醇香的酒
醉了我的眼睛
醉了我的梦乡
当一扇门关闭之后
我于半醉半醒中
又敲开了另一扇窗

2013-09-27

人与大自然

九月之绿，亲吻着山谷的每一个角落。
在漫山的翠竹和满坡的花香中，
生命的灵动，无不丰盈着我的眼睛。
激情和幽思，也悄悄地在我的脑海中疯长。
此时，涌动的诗句，如同一头野牛，狂奔着
撞向我的胸口，血，欲喷涌而出。
纯洁的生命啊，该来的，您终究会来，
已经到来的，也将会长久地留下去。
听，林中的鸟儿在秋风中，那歌
唱得是多么地欢快。蟋蟀躲在草丛里
在窃窃私语，那情调是多么地缠绵。
看，路边的小草轻轻地摇曳着，仿佛
在向行人殷勤地招手。就连树上的叶子
也不甘寂寞，手挽着手，在翩翩起舞。
啊，美丽的大自然，灵性的大自然，
我敬畏您！您，毫不吝啬地向人类
敞开您丰腴的胸脯；您，无怨无悔地向着人类
奉献出您的灵与肉。人是大自然的主人，
在这青山绿水之间，在这鸟语花香之中，
我们，我们将以什么样的姿态出现？
一阵风吹来，树上飘落了几片叶子。
一只褐色的蜈蚣，径直从马路上爬过。

我怅然地瞪着眼前的一切，
眼睛里充满着莫名的恐惧。

2013-09-28

诗歌的解放

你曾被浓妆艳抹，
藏进了幽深的冷宫。
你天天强扮着欢笑，
却盼着墙外的春风。
你享尽了人间的宠爱，
却为此，失去了娇容。

你本出自于草根，
却不幸坠入了高门。
你自从登上了雅堂，
便挥别了日月星辰。
你虽不失绮丽和高贵，
却为此，失去了灵魂。

啊，诗歌，
快快踹破高门，
走出那幽深的冷宫。
啊，诗歌，
快快去寻觅，你那
原本质朴的芳踪。
在那里，只有在那里
才能展示出你的雄风。

2013-09-29

公交车上

漂亮是一道诱人的风景
所有人的头都转向了你
当你的某个部位正被人贴紧
男人们已把你和床连在了一起

不知是你诱惑了众人的眼睛
还是众人亵渎了你的肉体
这个问题缠绕在我的心里
此刻，我还真得是难辩事理

也许，你就不该来到这里
你让人们的臆想扑朔迷离
当你不安地逃脱了这里
身后留下的是一串串觑觎

2013-09-30

主人与狗

一条狗有些孤单
两条可能会好些
但三条就不一定好

我躺在沙发上
一条狗睡在我的左边
另一条睡在我的右边
第三条远远的，躲着我

它为什么要躲开我
我不懂狗语
但它的那种失态
我还是能分辨得出来
唉，得去安抚一下
谁让我是它的主人

2013-10-01

猫的蜕变

在纷扰的岁月中
我看到了猫的蜕变
变成了雍荣华贵的猫

原本，猫是专捕老鼠的
正因为如此
粮仓、居所
才有了一片安宁

如今，猫失去了善捕的功能
它贪食着主人的宠爱
却和老鼠做起了朋友
这是猫得不尊
还是主人的不幸
谁能告诉我呢

2013-10-02

诗人的笔

太阳，它炽热
却燃烧着如镜的湖水
风儿，它温柔
却推着鸟儿翱游在天空

如花的世界
如潮的人流
在公园的拐角处
却看见了乞讨的老妪

诗人的笔从不吝啬
它既为欢快的人们喝彩
也为乞丐的老妪哀怜
莫怪诗人过于多情
多情是诗人的灵魂

2013-10-05

林黛玉

你活在大观园里
却做起了红楼梦
你离爱仅仅一步之遥
却错过了一场旷世之爱
你是美女，你更是才女
但你必须多愁善感
必须病入膏肓，必须早早夭折
因为，人们需要你佐证红颜薄命

你为爱而生，为爱而来
但你却错到了人间
人间本没有你的爱
可你偏要眼荡波、柳含烟
岂料，欢情薄，世难测
一曲《葬花词》
葬去了曾经的缠绵
也葬去了自己的一生

2013-10-06

石头城

灯光
像一把把锋利的刀
把历史的幽冥剁得粉碎
然后，再将它坠入
千年流淌的秦淮河
沥青
像一层厚厚的黑毯
把岁月的足迹尽数掩埋
然后，再将一排排花草
种满它的沿途
如今，这里几乎看不见
往日的踪影
只有一堵古老的城墙
和城墙壁上那一张“鬼脸”
依然在向人们诉说着
六百年前的那段历史风云
此时，我的思绪
跌进了幽古的梦境，梦中
我仿佛看见，明太祖
正在用一根根白骨
垒砌着雄伟的城墙
我仿佛看见，朱棣

在父亲的追杀下
从曲水河逃离的场景
我还仿佛听见，建文帝
在明故宫的大火中
那撕心裂肺的哭喊
一阵游客的喧闹声
把我从梦中拽醒
一部刚刚翻开的明史
就让笑声给悄然合上
我抚摸着古城墙嘘唏喟叹
如今，一代代帝王霸业
就如同过眼云烟，它
永远消失在历史的长河
只有这座古老的城墙
它经历了一代代王朝的兴衰
它见证了千年历史的沧桑
古老，尚未被风化
坚固，巍然屹立

2013-10-07

山林夜曲

明亮的天空，鸟儿数着星星。
一轮弦月掉进了湖里，引来蛙声一片。
啊，十月的夜晚，您真美！

花前月下，有说不尽的缠绵。
听，一对情侣躲在黑暗里，
那女子的娇喘，被风儿一吹，
让整个山林失却了平静。

巡逻的协警“警觉”地竖起了耳朵，
紧接着，只听见一阵急促的脚步声，
夹杂着一阵戏笑声，奔向了黑暗。

操，真卑鄙！他们去查询是假，
说穿了，还是体内的荷尔蒙在作祟。
不要做声，同伴推了推我说。
于是，两只胳膊又紧紧地挽在了一起。

人怎能像这宁静的湖水，一言不发？
一阵风吹来，浓郁的桂花香，
浸透了整个山林，也浸润了我的心。

啊，多么宁静的夜晚，
我们何不乘着这美好的月色，
快快醉倒在温柔的怀抱！

2013-10-08

假日祖籍行

我一直不知道爷爷葬在哪里
堂兄领着我来到了墓地
如今，已过去了三十多年
坟头上早已长满了荒草
祭奠完后，我回到了故居
环顾四周，这里已没有了当年的痕迹
只是，堂兄家里的几件雕花家具
像一段久远的幽幽岁月
被锁在了黯淡的光线里
此时，那些日渐淡忘的旧事
在我的心中渐渐地疯长
一排青砖黑瓦的旧居
门前一条弯弯曲曲的小河
和岸边的几棵老杨柳……
爸爸，他在这里长大
爷爷，他在这里变老
后来，爷爷死在了这里
爸爸，却客死他乡
他们的肉体，和他们的故事
都随着一缕轻烟，变成了尘土

当一股热流顺着我的面颊悄然落下
门外，陪行的女儿却按响了催行的喇叭

2013-10-09

晨练

莫愁湖的早晨，在秋季里，真美！
朝霞泛滥着金色的枫林，
无声的落叶，荡起清风，轻盈地
飘落在公园的青石小径。
莲池边、竹林旁、花丛中、绿树下，
传来阵阵晨练者的笑声，这笑声
畅怀在蔚蓝的天空。它仿佛就是一部
欢快的交响曲，奏响在静谧的晨曦，
驱散了昏夜的迷障，迎来一天的光明。

啊，眼前和耳边，这喷涌而出的美，
开豁了我的心情，驱散了我的愁绪。
人生的失意和悔恨，惆怅和悲哀，
在这秋季的早晨里，瞬间地死去。
我来到了湖边，静看着一湖的秋水，
聆听着远近的音籁，青春的细胞
在我的体内渐渐复苏，一种久远的躁动
催促我迈开封存的脚步，冲向了环湖大道。
这脚步，是多么地有力；
这身姿，是那么地矫健！

2013-10-11

约会

那是一个星期天，
一个阳光明媚的早晨，
我和她如约在江岛的小河边。
初次的相约，两个人
就像那未成熟的葡萄，
显得有点生涩。
只有身影，在阳光的作用下，
时而分开，时而重叠。
河滩的水草中，潜伏着一只龙虾
鬼头鬼脑地，窥觑着我和她，
似乎要从一对陌生的面孔中，
窥探出一段风花雪月的故事。

时间在心的怦然中消磨着，
她胡乱地在问，我搜肠刮肚地作答，
可话题总也挣脱不了眼前的景物。
一片蓬勃的葡萄园，遮蔽了蓝天，
也隔绝了世界。此时，多好的机会？
我鼓足了勇气，驻足，欲向她吐露
心房里酿制已久的话语。

哦，此刻，一双惶恐的目光，

却避开了我炽热的喷射。
啊，我无法知道，这惶恐的目光中，
究竟是一次拒绝，还是一份期待？
我咽下了嘴边的话语，低下头，
烈火和冰凌，在我的心间激荡。
惶恐和羞涩渐渐占据了我的心房，
我的勇气，此刻，却不知去了何方？
望着她那娇美的身躯，和零乱的脚步，
我蓄谋已久的方寸，一片大乱。

乡间的小道上，一朵野菊花
睥睨着我们的分别。它
拼命地摇曳着，似乎在向我喊：
“这是你最后的机会！”
二只小黄雀，在柳树上
叽叽喳喳，上窜下跳，仿佛
是在嘲弄我的怯懦和迟疑。
啊，我悲叹起我的命运，
她的惶恐——
在这秋风里，在这乡间的小道旁！
我就此与她作别——
在秋风里飘拂的，她那紫色的衣裙！
我，一颗湿润的心，
渐渐地，渐渐地，失去了热量。

2013-10-12

晚宴

酒刚斟上，泪已滑落
它顺着脸颊，滴入了杯中
溅起了心海的汹涌

三百个日日夜夜啊
我就像一位母亲，经历着
妊娠、孕期、催产
这其中的甘苦，只有自己知道
随着一声清脆的啼哭声
《愚夫的吟唱》，它
诞生在“亚马逊”的产房
此时，作为“母亲”
所有的辛劳，所有的委屈
和，　所有的痛苦
都在这啼哭声中，荡然无存
唯有幸福的泪水，在脸上
肆意流淌……

一阵狂热的掌声
打碎了我的恍惚
如潮的祝贺语
淹没了我的双耳

来得都是朋友
此时，没有了阶级
也忘却了曾经的龃龉
干杯，干杯
酒将晚宴
推向了一个高潮
又一个高潮……

2013-10-13

南京怨

南京，一个偌大的工地
钻塔成林，机器轰鸣
渣土车，马路上横行
还有路边，站着惊恐的人群

污浊的空气像一层薄纱
赋予了太阳的朦胧
高速公路上的一排雪松
也被装扮成一条灰色的长龙

树林中，传来叽叽喳喳的吵闹声
一群灰头土脸的麻雀
正在寻找它们刚刚垒起的巢穴
哟，十月天，哪来的一场大雪

乱飞的塑料袋，狂舞的纸屑
行人们从中辨别出风的方向
下班的我，像一支离弦的箭
射进家门，对今天就不再眷恋。

2013-10-14

怀旧

我们曾一道进厂
一同上班，一同下班
一起喝酒，一起唱歌
一同写过决心书，一同写过检讨
我们彻夜畅谈过理想
讨论过萨特的存在主义
我们曾爱上了同一个姑娘
竞争中，我还把他打败

后来我们各奔东西
他下海闯荡
我每天上班、下班
然后各自娶妻
各自生儿育女
各自盘算着每月的花消
渐渐地失去了音讯
多少年后的今天
我又读起他当年的来信
唉，老朋友
不知你如今过得咋样

2013-10-15

“诗人”的幻觉

现实的光芒熄灭了
眼前亮起幻觉的火花
幻觉里，一个“诗人”
就这样冒昧地登场
他在深浅不一的词海中
拼命地扑腾着，扑腾着
就为了他的诗歌不被淹死

但愿这火花不再熄灭
让幻觉维持的更久
并请你，亲爱的诗友们
在“诗人”放纵的时候
千万不要睡去
至少要等他把诗歌念完
然后，你们再装着一次陶醉

不论火花多么短暂
不论幻觉多么虚幻
“诗人”都想一次心的飞翔
即使黑暗真的降临了
他也能从中辨别出飞行的方向

亲爱的诗友们，你们说
“诗人”的想法是否荒唐

2013-10-16

信仰的葬礼

你沿着信仰，和
信仰激发的理想前行
对路，从未有过半点的怀疑
今天，你却在为信仰
举行着一场隆重的葬礼
看，这坑挖得多深
就怕留下一丝痕迹

埋去也不能止住
你思想的疼痛
在你忧郁的目光中
似乎还在寻找着
寻找着理想的芳踪
风中的一缕白发
隐喻着你未来的虚空

2013-10-17

我的家乡

从前我的家乡
鱼儿比人多
鸟儿比鱼多
如今，堆满了钢筋水泥
鱼儿没了
鸟儿飞走了

我羡慕鸟儿
它可以自由地飞翔
我哀叹鱼儿
它没有翅膀
但我更可怜那里的人们
他们无处躲藏

昔日的家乡
是我心中的天堂
今天的家乡
是我眼中的彷徨
虽然，她变得那么艳丽
可她，却让我黯然神伤

2013-10-18

赠J市长

威严的检查官
发出了地狱的“邀请”
冰冷的手铐
剥夺了久握的权柄
昨天的市长
明天的囚徒
堕入了贪欲的陷阱

昨天，你拥有着一切
明天，你将失去一切
流金的岁月
虚空的灵魂
铸就了人格的卑劣
曾经的铮铮誓言
在香风中渐渐泯灭

一张小铺，一间陋屋
是你未来的全部
你从此没有了姓名
你是带着编号的囚徒
未来的生活，未来的人生

你将在这里慢慢苦度
今天，你是否开始悔悟

2013-10-18

捕捉月亮

今夜与你同去捕捉月亮
月在秋的中央
月在夜的故乡
月在浪漫的古老传说中神伤

如果秋霜遮住了月亮
我会为你驱散眼前的迷瘴
如果秋夜染黑了月的容装
我会为你漂白出一帘银光
如果你在月下黯然神伤
我会为你唤来酿酒的吴刚
我还会在这宁静的夜晚
用一缕缕银色的丝光
为你编织一件远古的霓裳

哦，今夜的你和月亮
月光如水，你若月光
站在莫愁女的庭园里
我仿佛误入月的西厢

2013-10-19

精神救赎

我早就有一个梦想，可它
却成了幻想。梦想中的那个女人
在他处，同别的男人过着日子
他们谈不上快乐，可也平静地
度着他们余下的时光
偏偏，他们还有一个可爱的孩子

人啊，没有梦想时，痛苦
有了梦想，更加痛苦
眼睛一闭，她在我的眼前
清清楚楚；眼睛一睁
昏灯下，我却是孑影怜顾

如果这个梦想是一种爱
那你不该在心中充满嫉妒
如果这个梦想是一种爱
那你不该在梦里把它亵渎
被人爱着，或爱着别人
那不是你的罪恶

你啊，何不乘着夜色还没降临
赶紧来一次精神救赎

2013-10-20

汉武帝的自辩词

我，刘彻，
千古不朽的汉武大帝！
虽已死去两千多年，
躺在坟墓里，依然听见
子孙们在为我喋喋不休。
听，一个声音高喊道：“
刘彻，他穷兵黩武。”
“是的，我是穷兵黩武，
但是，若不是我的
穷兵黩武，又怎能
击败匈奴，东并朝鲜，
南诛百越，西愈葱岭，
奠定中华民族的巨大疆域？
你们翻开历史去看看，
凡生性懦弱的帝王时代，
哪个不是山河破碎？
哪个不是受尽屈辱？”
又一个声音嚷嚷着：“
汉武大帝，他太专制了。”
“是啊，我是有点专制，
可是，没有我的专制，
又怎能削弱诸侯，

创立太学，贯彻法制，
建立大汉时期的太平盛世？
你们翻开历史去看看，
凡温和、谦卑的帝王时代，
哪个不是党争无休？
哪个不是家国不安？”
你们还说我残暴？
“对，我是有点残暴。
我残害过司马迁，
并且阉割了他，
让他受尽了凌辱。
可就在这个残暴的时代，
却诞生了一部不朽之作
——《史记》，写就了
中华民族最伟大的诗篇！
至于，巫蛊之祸，
嫔妃成群……
唉，人啦，孰能无过？
当帝王，我容易吗？
我已死去两千多年了，
别总是盯着我。
请你们相信，
待我转世以后，
我会努力做一个，
你们所说的好人。

2013-10-21

枯木逢春

噢，那年的四月，正当我还在
一场灾难后的愁绪中徘徊
亲爱的，你像一缕春风裹着温暖
轻轻地扑进了我的胸怀

哦，亲爱的，你曾是那样地高傲
可在我的怀里，你是多么地乖巧
多么地温柔，多么地可爱

世事磨难，岁月摧残
你依然不减当年的风采
一朵人间奇葩，洋溢着青春气息
款款地向着我的人生走来

天空阳光灿烂，眼前一片绿海
依偎你，幸福的我说不出话来
当我俯下身，深情吻起绯红的香腮
呵，你娇嗔地说：哥哥，你真坏！

2013-10-22

最后的呻吟

在轰鸣的机器旁令人烦躁地苟且着人生
一声声并非人人同情的呻吟，向人们诉说着
——248 年来那一个个感伤的故事
哦，“卑贱”的人们，来自大不列颠的种群
他们创造了物质世界的富有，却在为
自己的生存和繁衍露出恐惧的目光
他们的经历，他们的结局，用血和泪
证明着，权力和投机才能占有世界
而并非是诚实和劳作。在漫长的岁月里
贫穷和愚昧，贱卖着他们的每一滴血
最终成为，钢铁节拍下的一群盲从
哦，可怜的人们，他们曾经呐喊过
也曾用枯槁的双手企图打碎这个世界
一切都是徒劳，他们一次又一次被利用
却总也摆脱不了，他们早已注定的宿命
如今，呻吟的声音越来越低，因为
他们已渐渐变得浮浅和麻木，就像
一群被人驯服的羊群……

2013-10-22

【注释】
248 年：指 1765 年发生在大不列颠联合王国（英国）的第一次世界工业革命，从此，诞生了工人阶级。

去吧

我在信仰中迷惘
曾经的理念
偏离了方向
似乎，人们都在逃亡

一个幽灵拦下我
欲和我展开辩论
我始终保持着沉默
因为，我已十分困顿

困顿就睡去吧
这比醒着好
但愿在睡去的世界里
不会再有信仰

2013-10-23

一片落叶

想着一片枯死的叶子
在金色的秋季里
凭由寒风旋起的痕迹
作瞬间的狂舞后
便独自飘落于泥土

苍翠与灵动
已成遥不可及的回首
于此，一切归于平静
无须记取曾经的炫烂
也不必担忧
季节反复无常的神情

唉，生命只有一次
逝去了，永不复生
当又一个春天来临
大地重新披上绿装
此时，是否还有谁能记得
那片飘落的叶子
也曾装点过这个世界

2013-10-24

谁说热恋的人幸福

打开心灵的窗户
在青砖灰瓦的屋檐下
看日落月升的痕迹
然后，铺开一叠信笺
以虔诚的姿态
向着远方，宣泄着光与火

夜半钟声响起
透过昏暗的灯光
谁的影子与空桌对坐
听，笔尖在沙沙作响
一首滚烫的诗歌
忧伤地爬到了纸上

敞开衣襟
露出胸膛
让窗外的冷风
吹灭燃烧的荒唐
谁说热恋的人幸福
若是没有结局的爱
那才是真正的苦果

2013-10-25

串起的梦

夜来之后
我在梦中
等你

梦境之中
我呼唤得
是你的名字

整夜的梦
一茬接一茬
思念的情绪
夜夜飙长

拿起的笔又放下
写好的诗又划掉
哦，把所有的梦
一个个串起
再写出的诗
每一个字都是你

2013-10-26

春天，你一定要回来！

你走了，走得很远。
未来的日子，
我将非常孤独。
今天，多安静啊！
就连小区的保安，
也失去了往日的吆喝。

我打开电视，
搜索着无聊的节目，
音量调到了最高，
总也挤不走，心中
从未有过的失落。
我闭上了湿润的双眼，
你从千里之外赶来，
你爱怜地对我说：
“亲爱的，你得忍，忍，
春天，我一定回来！”

窗外，又一片叶子飘落了。
春天，你还有多远？
我蜷缩在沙发上，
对着天花板喃喃自语。
此时，我除了发呆，

除了在等待中渐渐衰老，
我还能做什么？！

2013-10-27

别了，浦口火车站

在一场杏花春雨中，你
悄悄地向世人谢幕，百年老站
凄婉地响起了最后的笛声。
售票窗口关闭了；候车大厅关闭了；
站口大门关闭了；月台的灯也熄灭了。
一段钢轨，带着历史的锈迹，冰冷沉默。

一颗道钉，一段历史。我肃立着，
思绪沿着这轨迹，回到了那年。我
依稀看见了朱自清父亲的《背影》；
依稀辨别出毛润之当年的足迹；
依稀听见了刺杀宋教仁的枪声；
依稀看见了迎接孙文灵柩的洪流；
依稀听见了百万雄兵过大江的呐喊。
今夜，月台上的灯从此熄灭，
谁还能忆起那些曾经的故事？

夜色堆积，在这个乍暖还寒的荒废老站，
一个拾荒的孩子敲击着锈迹斑斑的钢轨，
这声响，穿越了时空，庄严肃穆。它
向人们诉说着，这里曾经的辉煌！

2013-10-28

永远的秘密

一个甜美的笑
充满着诱惑
来自眼底的电
闪着火花
产生在短路后

载体急剧升温
燃烧即将发生
哦，谁发明了熔断器
它掐断了电源

这是一个永远的秘密
它珍藏在记忆里
在未来的岁月中
如虫，在心中爬行

2013-10-29

大洋的思念

自从与你分别，大洋彼岸的我
总爱在地图上找寻你的方位
那个久负盛名的 美丽的国家
不知那里有没有秋天
我只能想象着枫叶染红的群山
或者 圣诞老人已经启动雪橇
正朝着你的方向……

电视里正吟诵着《水调歌头》
那情感交融的千古绝唱
在寂静幽暗的小屋里游荡
总也抹不去的愁绪
迅速在黑夜中堆积
窗外，下起了一场秋雨

分别留给我无尽的思念
大洋却挡住了我的前行
我只有守住自己的心灵
与你相约在春的来临

我开始在诗的国度里
不知疲倦地旅行
太平洋的水啊！

它太宽，也太深
我的诗歌不知能否飞跃

今夜，没有月光
只有风雨簌簌
电视里的吟诵声戛然而止
我，被搁浅在思念的沙滩

2013-10-30

叙利亚，我为你纠结！

够了，别再冒用人民的名义！
两年多战乱，数万人死亡，
早已揭开了你们虚伪的面纱。
人民的意愿？那只是你们的幌子，
口号已无法遮掩，狂徒们的嘴脸。
明明挥舞着屠刀，口中却念念有词，
绑架、杀戮，这哪是穆罕默德的子孙？
罪孽啊，该诅咒的暴徒们，
地狱的大门早已为你们打开！

够了，别再盗用国家的名义！
一个独裁者，四十多年的家族统治，
早已到了风雨飘摇的境地。
什么是国家？“国家就是我的意志！”
一副暴君的嘴脸，早已昭然若揭。
滚滚的社会财富，不断流入家族的囊中，
一个美丽富饶的国家，无处不刻着“阿萨德”的名字。
罪孽啊，该诅咒的世袭统治者，
历史将会敲响你们的丧钟！

够了，别再滥用正义的名义！
一个超级大国，在地球上肆意妄为，

早已激起所有善良人们的愤慨。
什么是民主、自由？它的旗帜怎能用鲜血染红！
什么是现代价值观？它的贩卖怎能用炮舰去推行！
翻开历史，我们就不难发现，你们的旗帜上，
分明写得是——霸权、掠夺和侵略。
罪孽啊，该诅咒的霸权主义，
人类终究会把你们钉在历史的耻辱柱上！

2013-10-31

冬天来了，春不会远！

太阳病了
西风日益猖獗
数着飘零的落叶
看秋，已渐行渐远

我曾醉倒在秋的芬芳
我曾痴迷于秋的狂想
当寒风绞杀起太阳的光芒
大地的脸上，写满了惆怅

今秋的逝去
它无法抗拒
可我仿佛听见
春天的脚步
紧跟在冬的后面
匆匆向我们走来

2013-11-01

鸿雁哀歌

鸿雁舒展着翅膀，
翱翔在蔚蓝的天空。
白云随着风儿，
在蓝天上轻轻飘动。

我在白云下行走。
多少年，我
沉湎于寂寞的欢歌，
总一往情深地期望，
鸿雁传来的秋波。

鸿雁自远方飞来，
又向远方飞去。
我倚岸而歌，
望断了一泓秋水。

金色的阳光，
在天边燃烧。
幸福的人们，
在随波逐流。
当我被夜色淹没时，

远方传来的是
鸿雁的哀愁！

2013-11-02

写在朝鲜战争63周年纪念日

1950年6月25日，朝鲜人民军突然越过朝韩临时军事分界线，向韩国发动了大规模的军事入侵。韩国军队节节败退，不久就丧失了90%的领土。以美国为首的十六国军队参加的联合国军迅速出兵拯救韩国，中国为了支援朝鲜，也派出了中国人民志愿军入朝作战。战事历时三年，双方军队各死伤百万人以上。1951年7月10日，中国和朝鲜方面与联合国军的美国代表开始停战谈判，经过多次谈判后，终于在1953年7月27日签署《朝鲜停战协定》，朝鲜战争宣告暂时停战。

野心、贪婪和权力主宰着统治者，
他们把战争和毁灭投给了朝、韩。
看，三千里江山是茫茫的一片断垣残壁；
听，黑山白水的上空炮弹正呼啸着炸响。
杀红了眼的人们，将锋利的刺刀扎进柔软的胸膛，
成千上万的战士躺在血泊中横尸沙场。
一个战士倒下了，他正在战壕中抽搐着等死，
临终时，他努力地将头朝着家的方向。
多可怜的战士，至死也没明白他死得是多么荒唐。

卑鄙的统治者啊，为了你的罪恶野心，
你将成千上万的生灵驱赶出生命的舞台。
为了你的罪恶野心，有多少母亲在哭念着儿子，
她们不知道将如何度过自己的风烛残年；
为了你的罪恶野心，有多少孤儿寡母满怀悲伤，
他们不知道将如何度过自己未来的人生。

天哪，这难道就是你们所谓的真理？
这难道就是你们标榜的一切为了人民？
哦，我的脑海里似乎越来越糊涂。

不，真理的纯洁是不应该用鲜血去漂染；
为了人民就不应该让人民去互相残杀。
哦，我看见了统治者登上了血腥的宝座，
他正向着一群麻木的人们挥手致意。可怜的人们，还向着他们的统治者欢声雷动。
这是一个多么可悲的世界，一个多么可怕的世界，
善良的灵魂早已被虚伪的统治者们吞噬！
呵，和平，美丽的和平，我们到哪里去找寻？
我们日日夜夜地祈祷，却看不到一丝的光明！

2013-11-03

残秋中的顿悟

我不忍再看山中的秋色，
风嗯哨得格外尖厉。
枯叶在地上旋转着，
作最后的狂舞。
树荫下的小草，换上了褐装，
低垂着头，无精打采。
就连一向欢快的鸟儿，
也唱起了凄婉的歌曲。
没了，都没了，
曾经的苍翠、灵动、生命！

唯见低矮的冬青，
在斑驳的秋色里，
忍受着凄风冷雨的摧残，
依然坚守着那份绿。
它仿佛对我诉说着：
生命中坚守的意义，
和坚守中所需要的坚强。
是的，它为我们坚守着，
坚守着眼中不死的春光。
我的心情豁然开朗，
眼中的秋色不再凄凉。

2013-11-04

依然的伤痛

在一场梦的世界里
孕育着急不可待的
焦虑
在梦醒后
措手不及的凌乱中
映入眼帘的是
黎明的芳踪

谁的笑容
在这凄冷的残秋里
驱散了热泪凝成的
孤寂
在你我
惺惺相惜的问候中
依然忍受的是
距离的伤痛

2013-11-04

你是我的幸福

你的热烈
奔放于南国
永不消褪的激情

你的美丽
绽放在春城
浪漫无羁的花季

你的笑容
流泻出彩霞
色彩斑斓的诱惑

你的话语
涓流入心灵
温婉恬静的慰藉

我的今天
洋溢着幸福
曾经悲怆的眼眸

2013-11-05

我想你

亲爱的，我想你
不知你是否知道
可这天太黑
你离我也太远
我想你想得很久了
我累了，我想睡去
但得借助安眠药
否则，我将无法入睡
唉，不知这一睡下
明天是否还能醒来

2013-11-06

中国远征军

那一年呀，那一年，
他们曾是怎样地
走进过我们的心里，
又是怎样地在我们的心中
悄无声息地消失。
他们被抛弃了，魂孤零零的，
重新回到了硝烟已散的缅甸战场。

那一年呀，那一年，
他们曾在那里，
用自己的血肉之躯，
填平了山野沟壑。
今天，当我们呼吸着
自由清新的空气时，
我们是否还能听见，他们
痛苦的呻吟在空中回荡？
我们是否还能看到，那
山谷中的累累白骨？

今天，当我们醒来时，
历史的这扇门，
已重新打开。

打开了，就别再关上！
是他们曾在魔鬼的屠刀下
抢救了我们！
当我们的欢乐溢满时，
得为他们把泪流空，
然后，再低下头，
认真思考起明天！

2013-11-07

【注释】
1941 年 12 月 23 日，中英在重庆签署《中英共同防御滇缅路协定》，中英军事同盟形成，中国为支援英军在滇缅（时为英属地）抗击日本法西斯、并为了保卫中国西南大后方，国民党政府组建了中国远征军。这是中国与盟国直接进行军事合作的典范，也是甲午战争以来中国军队首次出国作战，曾立下了赫赫战功。从中国军队入缅算起，中缅印大战历时 3 年零 3 月，中国投入兵力总计 40 万人，伤亡接近 20 万人。但是，由于历史的原因，在中华人民共和国成立后，这段可歌可泣的悲壮历史却被悄然抹去，烈士得不到认可，退役的战士受到了迫害。近年来，中国远征军的英雄壮举终于又重新得到了党和政府的认可。

希望这不是永别

你将与我告别
今生也许难见
让我们把过去的时光
倒进酒里，一杯杯饮下

你喝得满脸通红
说话声有点嘶哑
在茶社的喧笑声中
含泪诉说着心中的话语

我认真地听着，听着
不忍心打断你的话
我想让你把心中的话说完
明天，你将去得很远很远

月亮懂得你的心
静静地探出一轮圆颅
你扭头望起了窗外
我听见，你在轻轻地抽泣

临别的泪水非常珍贵
它源自于你的心灵

当明天的太阳再次升起
你的泪，滋润着我的心田

2013-11-08

写给徐志摩

你像一颗绚烂的流星
瞬间划破了沉闷的天空
你像一叶飘零的小舟
荡起死水微澜让水显得了生动
你像一只暮秋的夜莺
用歌唱抚慰着人们孤寂的心灵

你的一生是为诗歌而生
诗歌也因你而增添了光辉
自从惜别了魂牵梦萦的康桥
你毕生的行径都充满着诗歌

你在身体内的每一个细胞上
都写满着放荡不羁的浪漫
你在一首首神思飘逸的诗歌中
宣泄着你那将要窒息的快感

诗歌可以慰藉一下你的灵魂
但诗歌它拯救不了你的爱情
当一场场旷世之爱拉开了序幕
却没有一次是完美的谢场

你轻轻地走了
带走了所有的欢愉、苦闷和落寞
但唯一没有带走的
是你轻轻挥手作别之后的
那片烧焦的云彩

2013-11-09

岁月的盘点

夜晚。我思考，盘点着岁月的印记。
人生苦短，一眨眼仿佛已经看见
路的尽头。这使人伤感！

如同阴霾的天空，雁过留声。
我太多的叹息，还遗留
在过往的路上。我为之叹息！

曾经迷于思想的狂热，无悔地
出卖着自己。当风呼啸着穿过，
它传来了太多不解的信息。

儒雅俊逸的躯壳，可思想
却害起了病。人们都在拼命地追逐，
只有我，还傻乎乎地站在原地。

也许"塞翁"的故事可用于自慰：
那些甜蜜的琼浆也许就是毒酒，
否则，我不会睡得这么安稳！

唉，别叹息，走自己的路。
岁月，它如同一面镜子，
照见了我，也照见了我身后的阴影。

清晨，当我把洗过的心挂在了脸上，
人们已经无法辨认："这还是他吗？
怎么会如此这般年轻？"

2013-11-10

菊花与太阳

一切来得太快
在咋寒还暖的季节里
阳光却躲远了
菊花们相续死去
死去了，不再美丽

菊花美丽过
它曾炫耀在这个世界
它也赚取过诗人的情绪
但它太过于矫情
它把命运交给了太阳

太阳辜负了菊花的挚爱
它恋起了雪后的梅花
待到太阳再一次发出邀请
可怜的菊花，被揉碎的心
依然还是那么痴情

2013-11-11

由恒大夺冠想起

国足，
让我怎么说你！
爱你？
恨之不争；
恨你？
怜从心生。
你，
让我们流泪；
你，
让我们心碎。

酒馆里，
你们是一帮爷们；
情场上，
你们是一群高手；
打斗场上，
你们充满着血性。
可哨声一响，
你们个个疲软。
拼抢中，
你们人人装怂。
你们，
辜负了球迷的希望；

你们，
枉费了国家的心计；
你们，
玷污了足球的精神。

知耻吧！
别再丢人现眼了：
振作吧！
别再让我们流泪了；
雄起吧！
别再让国家颜面无光了。
你看，
恒大就是你最好的榜样！

2013-11-12

【注释】

广州恒大足球俱乐部在 2013 年亚洲足球冠军杯争夺战中，力克韩国队勇夺冠军，取得中国足球历史上的最好成绩。反观中国足球队，则处于世界，甚至是亚洲的一只弱队。

惆怅的冬季

你远去。呵，这个寒冷的冬季，
我该向谁去倾诉？
在这辗转反侧的深夜，凄风
扑打着卧室的窗口。

在寒夜中来回地徘徊，
月亮嘲讽起我的痴狂。
我失意地怅望着过去的时光，
月亮也为我黯然神伤。

想你，我不敢喊出，怕惊扰
你睡梦中的微笑。
我伸手，向着黑夜拥抱，
却是，眼前浮现的窈窕。

守住，为你用心去守住，
曾经茂盛的情感家园。
莫张望，在这纷扰的世界里
到处都充满着诱惑。

严冬一定会过去，春风
终将吹绿凋零的家园。
那时，你还我一个温柔，

我含着泪，在你怀中安然入眠。

2013-11-13

屈辱与伟大，永远的司马迁！

被阉割的一刹，
他想到了死。
太羞了，屈辱
使他无法立身。
一个男人，没有了睾丸
活着，不如死去。
结束吧，乘还有一口气
去为自己送葬！

不能，我不能死！
他想起了父亲的嘱托，
他想到了孙膑的遭遇。
没有睾丸，我还是男人！
看，一代伟人，此刻
从死亡中爬起！
黑暗破了，
新的生命，痛苦的顽强。

拖着残身。奋起的笔，
在历史间行走，
从黄帝家出发，
落脚在汉武帝门前。

三千多年啊，他
纵横驰骋。
从绝望到崛起，
在痛彻的骨髓里，滋生着
一部千古绝唱，
奉献给辱没他的世界。

有些人活着，如同死去；
有些人死去，却依然活着。
哦，民族忠诚的儿子
为了信念，他
用屈辱的泪水
浇灌他深爱的家园。
在黑暗的尽头，太阳
扶起他，在人间
定格成永久的丰碑！
哦，我听到了，
一部悲壮的高歌！

2013-11-14

【注释】

①司马迁：司马迁（约前145—前87年），字子长，中国西汉伟大的史学家、文学家，思想家，汉武帝时任郎中、太史令、中书令，所著《史记》是中国第一部纪传体通史，被鲁迅称为"史家之绝唱，无韵之离骚。"他曾因李陵案而受到宫刑。

②孙膑：战国初期军事家，兵家代表人物。孙膑是孙武的后代。孙膑曾与庞涓为同窗，因受庞涓迫害遭受膑刑（即去膝盖骨），致使身体残废。后在齐国使者的帮助下投奔齐国，被齐威王任命为军师，辅佐齐国大将田忌两次击败庞涓，取得了桂陵之战和马陵之战的胜利，奠定了齐国的霸业。著有《孙膑兵法》。

雨声

一阵声响落在了窗台
远行的她好吗？我想
——在这雨中

声声砸在了我的心上
唯恐她淋湿了衣裳。你看
我趴在了雨窗

一行热泪挂在我的脸上
可恨的冷雨，你为何
让我如此这般惆怅

一声叹息落在了枕上
半是睡梦，半是迷惘
眉宇紧锁得是，为你的神伤

雨声惊扰了我的梦程
醒来后，听到的
——还是这恼人的雨声

2013-11-15

今夜无眠

夜色来临之后，你慢慢
走进我的心里。谁让你去远行？
让我无法入眠。

窗外灯火阑珊，枕边
惆怅中拂动着你的身影，
我的心跳你是否听见？

我们共有一轮明月，
今夜，却如此晦涩。
凉夜无际，思绪绵长。

时针不知疲倦地低吟着，
仿佛呼唤着黎明。亲爱的
明天，你是否归来？

月亮感到了疲倦，它
拉起被子睡去。而我
却长夜难眠……。

2013-11-16

爱，只要真诚

人们说爱需要燃烧，
我剧烈地燃烧着，
就像一团烈火。
生命只有一次，
失去了，它
不会再来！

虽然，爱也有痛苦，
甚至于不幸，
但爱，依然美好。
只要爱，它曾经燃烧过，
我们的人生，
就会释放出异彩。

歌唱吧！
让我们为爱得天长地久；
举杯吧！
让我们喝下这杯爱的苦酒。
只要我们真诚地
对心爱的人说声：我爱你！
爱就会在我们的心中
——得到永恒！

2013-11-17

诗词的衰落

哦，诗词
我为你忧伤
文学阆苑的两朵奇葩
在你盛开的土地上
正日渐衰落

当我来到诗词的国度
我看到的是，当年
李白醉倒过的诗田
已是杂草丛生
苏东坡打理过的词园
也是一片凋零
就连杜甫的那间茅屋
也被写上了“拆”字

哦，诗词
中国古代文学的绝代双娇
你曾用狂放、婉约的笔调
谱写了多少惊艳绝伦的千古绝唱
你曾用平平仄仄的优美神韵
铸就了中华文学史的千年辉煌
听，在这片古老的大地上
“大江东去”的浪涛声

依然在华夏的天空回荡
“茅屋为秋风所破”的哀叹
依然在我们的耳畔萦绕
“十年生死两茫茫”的悲号
依然在凄风冷雨中飘忽……

我徘徊在诗词的国度里
面对着音乐、绘画的异常辉煌
心中一片惆怅
这是为什么？为什么？哦
透过灯红酒绿的声嘶力竭
透过歌舞升平的喧嚣尘上
我看到了人们精神的缺失
我看到了人们思想的苍白
一个曾有着肥沃土壤的诗词家园
正渐渐被现代文明的沙漠吞噬……

2013-11-18

【注释】
如今，诗词的衰落已是不争的事实。音乐、绘画、诗词曾是中华灿烂文化百花园的三朵奇葩，诗词衰落了，而音乐、绘画却异常地繁荣。透过现象，我们不难发现，那是人们急功近利所产生的必然结果。

坚守与落伍

在多变的世界里
我唯一能做得
只是坚守

在迷茫中
我时常发出
声声叹息

有时候
也对投机的宠儿
瞄上一眼

我不知道
这世界
它究竟怎么了

或许
这是社会的进步
坚守当然落伍

2013-11-19

今夜，我能否睡好

端坐在柔色的灯光下
听秋风
叶儿簌簌，似年华
消失的感叹

一壶浊酒，潮湿了心
在杯中，窥见了苍老
一段回忆
重拾起年轻

我，好像听到了
风华正茂的狂歌
热血，正在沸腾
无知无畏的勇敢

谁，勾起了少年的欲望
未知的世界
最美的年华，为什么
笑容失去，步履沉重
我，还能有怎样的选择

失去了灵魂，在喧嚣中

出没着自己的影子
那狂热，不合时宜
正把奇幻的梦想
当作前行的开始
心在红尘中飘泊

光环下，我倾心于
生存主义的陶醉
荒诞中，标榜起
自我的超越
无情的世界，却扼杀了
自由的选择

岁月如梭，人将老至
这才知觉。迟来的忏悔
召回心中的梦想
把心锁死
今夜，我能否睡好

2013-11-19

暮秋的心

冬将来临，秋，
无奈至极！唯有几许愁绪，
借扬起的病柳，轻轻地
拍打着落寞的岸角，泛起涟漪。
鸿雁，排起人字队形，
哀鸣着，急切地飞向南方。
水面的青荷，也失去了娇媚，
一季的好梦，戛然而止。
秋终于失意了，它
叹息着，渐行渐远。

此刻，我多么渴望
一缕温柔的清新，扑进大地的怀抱，
让我热恋的土地，逃避严冬的蹂躏。
带着几分沉重，我向暮色的斜径里
一路走去，欲在苍凉的大地中
寻找掩盖扑面而来的理由。可
冷酷的界面，无情地嘲弄起诗人的稚幼。
唉，荒诞的念头，深情的自恋，
怎能抹去残阳的沉落？我

只能以一颗不死的心，

痴情地觊觎着春的芬芳。

2013-11-20

城市，期待着一场雨

秋去冬来
灰蒙蒙的城市
正期待着一场雨

季风送走了绿色
城市喧哗而污浊
我的家乡
正渐渐失去
江南的风韵

风卷起落叶
在与汽车赛跑
PM2.5 的攀高
让沉重的肺
疲惫不堪

这还是那个江南吗
我仔细地辨认着
楼宇却挡住了
忧郁的目光
眼前一片迷蒙

秋去冬来
灰蒙蒙的城市
正期待着一场雨

2013-11-21

【注释】
城市的污染越来越重，而我们所需要的仅仅是一场来自于大自然的雨吗？

写给她，我的妻子

无名的野花
在路边梳妆着自己
它像多情的女子
欲将生性的妖艳
投入男人的怀抱

归途中的男人
心中只有一个家
在路的尽头，那里有
烫好的烈酒，和
一位柔情的她

妻子，多么动听的名字
你就是我温暖的家
无论我曾经多么落魄
或曾是多么地荒诞
你的爱——坚如磐石

或许，诗人的天性
就是多情，他的诗歌中
曾吟唱起含毒的野花
你用雨中梨花的忧伤

装点起最美的春天
从此，诗人的目光
不再游离张望

放弃诗人的浪漫
如果不能给你幸福
那就用诚实的双手
拔去心灵的杂草
让你在这块贫瘠的土地上
开出一朵娇丽的小花

2013-11-22

安魂曲

朋友，赎罪吧！
在这临别的时候
你应该到，你
曾经宣誓过的地方，
那里，有你丢失的灵魂。

我一直猜想着，当初，
你宣誓的是什么？那时，
你一定回答得非常决绝。
今天，我宁可相信，
那一切，只不过是你的谎言。

是的，你曾经多么地荣耀，
并且，还是那么地富有。
而人一旦失去了灵魂，
那无休无止的贪欲，
它，必将惹怒“天神”！

此刻，如果我问你，
你后悔了吗？
不，不用你回答，
你的眼泪已经告诉了我，

还有你与妻儿诀别的目光。
个人可以失去一切，
唯独不能失去灵魂。
哦，曾经的朋友，
你将踏上一条孤独的旅程，
在这临别的时候，让我为你
唱一首忧伤的安魂曲！

2013-11-23

【注释】
最近，我曾经的一个同僚，也算得上是位朋友，因严重违法乱纪被“双规”。这首诗歌就算是我为他送行吧！

醒来

城市的躁动
叫醒了我的晨梦
在窗外的一角
灰色的幻像
于天地间
裂开一条细长的白线

我回味着梦境
那里有，狂热和女人
还有《疯狂的罗兰》

为什么
美好总藏匿于黑夜
那是人闭上了眼睛
为什么
人醒来时会有叹息
那是人睁开了眼睛
黑暗与白亮绞杀着
天边显得杂乱无章

我不愿这样地躺着
就像躺在坟墓中
尽管梦有多么美好

但它毕竟来自于黑暗

2013-11-24

【注释】

《疯狂的罗兰》：意大利著名诗人卢多维科.阿里奥斯托所写的叙事长诗，故事以查理大帝与撒拉逊人的战争为背景，写查理大帝的骑士罗兰对卡泰伊公主安杰丽嘉的爱情和鲁杰罗与勃拉达曼蒂的恋爱，把其他骑士的爱情、冒险经历和上百名人物（国王、僧侣、妖魔、仙女等）的故事巧妙地编织起来，把叙事和抒情、悲剧和喜剧的因素融为一体。故事中不但有气概山河的征战、残酷骇人的杀戮、也有缠绵非恻的爱情、惊心动魄的比武等，情节引人入胜。

落寞

眺望窗外
然后把心沉下，看
落霞在作最后的挣扎

幻觉中
我看见后羿射出第十只箭
眼前一片浑沌

劳累了，休息吧
但却无法睡去
被胸中的火焰燃烧
就像烈火中的凤凰
却不知，这燃烧后
我能否得到涅磐

此刻，只有自己知道
以我的思想
站立在大地上
渺茫中，尚有几分悲凉

我感到夜的寒烈
心在杯中沉落
体温渐渐散去

2013-11-25

明天将会怎样

我常常臆想着
血，泵起了躁动
那些过往的旧事
如同浮云一样飘散
明天将会怎样
未知蒙住了我的双眼

太阳，月亮和大地
演绎着生与死的交替
潮起与潮落
听出了大海的叹息
我是否有太多的矫情
悲歌唱彻于黄昏

未知给予人希望
但也孕育着死亡
何不乘着这黄昏
唱一首动听的歌曲
在你的身后响起
那怕这是一次绝唱

我又坠入了臆想
灵魂飞向了你的方向

剩下的一付躯壳
在绵长的黝暗中
匍匐在地，泪水
溅满了双眼

2013-11-26

生日

那年，一个初冬的黎明
生命挣脱了冥暗
啼声，犹如一首神曲
穿破云天，流向
未知的世间开端

时间孕育着少女的蜕变
你从雪中款款走来
带着明月皓洁的神秘
淡而清，美而雅
宛若清池里洁白的莲花

男儿们成了你的囚徒
你用灿烂的微笑
锁住了男儿们游离的目光
你用馨香的名字
锁住了男儿们炽热的语言

请原谅我一路而来的沉默
暗中的我，却目光如焰
可我仰望得太久太久
而你，却视而不见
听凭着命运慢慢地消费

风吹来死一般的寂静
时光错过了，它无法返回
我凝视，日历翻转为
花季已过、飞旋的秋叶
飘落在裸露的土地

今天，是你的生日
我多想燃起一根蜡烛
让祝福，飘进你的耳畔
再唱起一首不老的生日歌
满载星辰与霞光，向你走去

2013-11-27

暮色抒怀

黄昏时分炫丽的晚霞
有一种令人陶醉的沧桑感
一群大雁驾着气流匆忙地飞向远方
人生易老，一阵寒风提醒着我

想起当年血性男儿的萌动选择
有过努力，我不再为碌碌无为感到羞愧
日子在平淡中踱着碎步
一路走来，我已学会淡然而变得宽容

晚霞载满琐碎的心思
沉入朦胧的群山。白昼喧哗后
黑夜多么幽寂。我的心好像
林间的小溪，无声流过却不平静

怕惊扰栖息在林中的鸟儿
我把悠然的小调在心中唱响
今夜，风清月朗天体通亮
乘着夜色，我把丽句清词种在了心上

2013-11-28

江南残秋

江南的残秋
曾经苍翠的远山
突然斑驳了

马路上的梧桐
纷纷脱下盛装
裸露着筋骨
用忧郁的目光瞅着
寒冬将来的方向

广袤的土地
褪去了金黄
黑色在延伸着
一缕白烟
从原野中袅袅升起

水中的荷莲
失去了娇容
它们低垂着头
从镜面里
偷窥着自己的残容

哦，勤劳的人们

像蝼蚁一样
忙碌着，繁衍着
他们送走一个季节
又迎来了另一个季节

2013-11-29

当死亡来时

如果我将死去　请不要抢救
无需插管　无需切喉　无需电击……
让我面对死亡时保留一点尊严
如果我将死去　请不要悲伤
不必哭泣　不必呼号　不必繁缛……
让我面对死亡时保持一份平静

死亡就像一首悲壮的歌曲
当歌声从乐谱的肌体上飘落
终究会剩下音乐的躯壳
死亡就像一只蜕化的蝉蛾
脆弱的生命从残壳中挣脱
未来那将是永恒的幻想

我热烈地追求生存并渴望着生命
但也要坦然地迎接死亡　我会把死亡
当作人生一场完美地谢幕　因为
死亡是人最终的归属　它不必可怕
死亡是无梦的睡乡　那里安恬静谧
让我在饱阅了人生之后　带着对人生的

无尽眷恋　唱起美丽死亡的深情咏叹

2013-12-02

【注释】

此作的灵感来自于中央电视台《新闻调查》节目，它讲述了当今一个人在死亡来临时，他（她）的亲属基于传统的伦理，要求医院对病人进行过度地抢救，从而造成了病人不必要的痛苦和在死亡时失去了应有的平静和尊严。

我该怎么办

满怀希望地往邮箱投完了稿件
在路边看见了一位老大爷
他像一截枯树
驼着背
步履蹒跚
突然，他摔倒在路上
我该怎么办
该上前去搀扶
还是继续走我的路
路上几乎空无一人
良知催促我上前
脑海中却浮现那些被讹诈的场面
汽车呼啸着从身边闪过
整条马路
只有老大爷和我

2013-12-03

为中国划设防空识别区作

醒来，醒来，醒来了！
一位沉睡千年的巨人，
汇集所有的耻辱和愤怒，
发出了振聋发聩的吼声。
在这片曾经流血的海天里，
屈死的亡灵会怎样的惊喜和跃动？
哦，他们听到他们后人怒吼的力量！

起来，起来，起来了！
不会再让曾经流血的海天继续流血。
让我们扬起手中的利剑，
为那些死去的、为那些新生的。
用战斗洗刷母亲耻辱的形象，
让征服者们匍匐在自己的脚下。
这是华夏儿女为了生存最后的一战！

我欢呼您，伟大的祖国！
就在此刻，我似已感到您像一只雄鹰，
愤怒地追逐着滚滚的云涛。
都来吧，那些罪恶的虫豸们，
雄鹰的征程岂能止步于流莺的哀叹？

让我们高唱起雄壮的歌曲为昨天送葬，
再饱含热泪去迎接明天的希望！

2013-12-04

这世界让人无法安歇

这世界真大
大得令人眼花缭乱
小区里的两条狗
为争块骨头互咬着
张大妈边走边嘟囔
这菜怎么又涨价了
路上的汽车跑得忒急
人们唯恐迟到被炒鱿鱼
满腹经纶的先生在摇头叹息
他为隔壁的刘二暴富愤愤不平
广播里又传来让人揪心的消息
一位老太太讹上了三个小学生
今天南京的中小学生被停了课
那是环保部门做出的决定
地球啊，它一刻也不消停
人们只为一点点怨愤
就打得血肉横飞
夜晚来时人们依然花前月下
酒店里不时传来阵阵喧哗声

这世界真乱
乱得让人无法安歇

2013-12-05

献给自由战士曼德拉

没有哪一位伟大的人物
富有魅力，能像您一样。
在您不朽的目光里，人类
所受的痛苦多源自于仇恨。
但您深知，自由与平等
岂能用仇恨和杀戮获得？
您以神圣的仁爱之心，
微笑着面对自己的友人；
微笑着面对自己的敌人。
尽管罪恶和您蓄意为敌，
但您用抗拒强暴的毅力
和那百折不挠的灵魂，
在幽暗的牢狱中，为人民
指出卑贱者崇高的命运。
一位伟大的人物逝去了，
却把永恒的自由遗给
他所深深热爱的人民；
一位伟大的人物逝去了
世界将永久地，永久地
充满您不朽的记忆。
愿您在自己热爱的土地上安息吧！
光辉的声名将永远伴随着您。

2013-12-06

但愿人类真正醒来

如今，城市患了病。
雾霾压城城欲摧，
风，你躲到了哪里？
天空中不见了日光，
只有喘息声，恐怖地
回荡在城市的上方。

我突然觉得，人类
像一群飞鸟，栖息在
灰暗的世界里迷失了方向。
雾霾如同一张大网，
伴着杂乱的气息扑面而来，
窒息着人们自由的呼吸。

是谁造成了这一切？
我们，雾霾的制造者，
正亲手用现代文明，
精心酿造着自弑的毒气。
谁来拯救我们？

我看到了人类的焦虑。
但愿人类能够真正醒来！

2013-12-07

遥远的记忆

遥远的记忆
像秋日里清晨的雾
在城市的楼宇间
飘忽着，飘忽着
飘忽成一种朦胧
或浓厚，或淡薄

我忽然发现
飘忽的雾霭掩埋了
走来的方向
我在忽浓忽淡中
寻那过往的路径
或清晰，或模糊

在迷惑的寒颤中
我感到几许悲凉
一缕湿润的微风
吹去眼前的迷团
清晰了我
孤独的凝望

2013-12-08

祖国，请您给我一杆枪

就在那年那月那日，
“致远”舰燃着烈火飞驰，
它以同归于尽的壮举撞向“吉野”。
炮声震耳欲聋，
鲜血染红了大海。

也许某年某月某日，
有成批的战士从军舰上跃起，
再浪潮式地扑向钓鱼岛。
敬爱的祖国啊！
请您给我一杆枪，
我渴望将热血洒在那片海疆。
若问我的射击技能，
我已在梦中练习了千遍。

2013-12-09

献给她

她用真诚作为原则
她用对生活的热爱
与命运抗争。我热爱
这样的女人，她比我强大

初爱的记忆被肆意践踏
她宽恕了恋人炽热的谎言
追随者的叩门声响个不停
她站在窗口
把门紧紧闩上
她把挚爱种在诗园。追随梦
她优雅的笔下四季如歌
沉默与爆发之间让我颤栗
字里行间的纯粹使我泪流满面

我以朝圣者的姿态，请求
不要把我关在门外。真的
不要。我的心原本就很脆弱
我开始怀疑自己是否在梦呓
激情的诗句如同一堆垃圾

2013-12-09

岁月风化着我的叹息

我憧憬着未来
却不能开怀
转眼又是一个冬季
我孤寂着，走过秋天
大地，一片凋零
寒风与冷雪构成别样的景致
充满威严，岁月在
季节变换中苍老

午夜的钟声敲在心上
情绪却笼罩在时间的表盘
我用含糊不清的思维，睨视
袒露脚下的每一座悬崖
脆弱的心让我不停地颤栗
没有人告诉我黑夜如此之黑
没有人告诉我未来前行的方向
迷失在人生的十字路口
岁月风化着我的叹息

2013-12-10

思想者的苦恼

多年以后
我会将我的肉身
还给大地
但在此前
我要先将冥顽的思想
还给马列
将无数的疑问
留给世界
并告诉所有熟悉我的人
我是干净着离去的
这样，我会走得轻松
如果还有来生
我会摈弃所有的思想
这样，来生就不再有疑问
那时，荒落的坟茔
只是一个界碑
分割着两个世界

2013-12-11

由张成泽被黜想起

夜晚，我感到孤独
孤独的令人窒息
电视里传来张成泽被黜
唉，政治的天平上
人性和道德还有几两
渔人者被人渔

哦，我那钢铁意志
早已溃不成军
所有的谎言
都被证实
朝圣的路上
我顿感迷惘

所谓的信仰
无非是一剂麻醉剂
一个亮起屠刀的人
却赢得人们阵阵喝采
愤怒只存在自己被杀时
可怜的人们有多么可悲

潜水于诗海里
我无聊地吟咏着花草

煞有介事地谈着爱情
换来片刻自淫的快感
难道世界果真如此卑鄙
我偏不信，却没有人忏悔

2013-12-11

【注释】
张成泽：为朝鲜现任党和国家领导干部之一，朝鲜劳动党中央政治局委员、朝鲜劳动党中央行政部部长、朝鲜国防委员会副委员长、国家体育指导委员会委员长，拥有人民军大将军衔。同时是金正日的妹妹、金日成长女的丈夫，由于他与前领袖金正日的关系，被认为是朝鲜国内实际上的“二号人物”。2013 年 12 月 9 日， 朝鲜劳动党中央政治局扩大会议 8 日在平壤举行，会议宣布张成泽一伙有反党反革命行为，解除其一切职务并开除出党。之后，有韩国媒体报道张成泽早在宣布其被解职职务之前就被处决。由此，我再想到了苏联的大清洗、中国的文化大革命、柬埔寨波尔布特的大屠杀……。

我该写什么？

诗人晕了。诗歌只发表一天，没了，
丢失的诗歌，无法找回。

风刚唱到一半，被一座大山制止，
鸟儿不再飞翔，因夜晚太过漫长。

戴着面具的人，在呵斥着诗人，
一场梦里闯进了一头野兽。

因为风的缘故，雾霾迟迟不肯退去，
空气太浑浊，掩盖了鹰的思想。

如此肮脏的空气，为何不来一场大雨？
必有人下了命令，必有人做了手脚！

夜来了，诗人的悲哀开始了，
愤怒提示着思绪的无边无际，
提起了笔，却不知该写什么，
于是，就有了这首不着边调。

2013-12-13

游阳山碑材

曾经踌躇满志，
欲雄睨天下，
而今只剩下一尊碑坯
和一个名字。

跳出古人的诗句，
我仿佛听见：
“十万骆驼拉不起！”
袁枚在惊叹。

碑体上道道凿痕，
是万名工匠的斑斑血泪。
一座永乐遗梦，
静静守候着金陵的明月。

恍惚飞越千年的时光，
我依稀看见，
洪武大帝的征尘，
留在身后那一段传奇的故事。

2013-12-15

【注释】

①阳山碑材：是明成祖朱棣为颂扬其父朱元璋功德而凿的。碑材分碑座、碑身和碑额三块，如果将它们拼合后竖立起来，总高度可达78米，堪称绝世碑材。但这一绝世碑材最终未被使用，依然留存在原地。

②袁枚：清代诗人、散文家。字子才，号简斋，晚年自号仓山居士、随园主人、随园老人，汉族，钱塘（今浙江省杭州市）人。

③永乐：明成祖朱棣的年号。

臆想，等待

一个风高月黑的夜晚
也是一个乏味的夜晚
窗外很静
静得令人恐怖
不会有人想到我
除了年迈的母亲

百聊无赖的时候
最容易想起她
如果闭上眼睛
她会不会从遥远的地方飞来
对我说出炽热的情话
臆想，真可悲
也多么可耻

急促的警笛声
打断了我的思绪
我蜷缩在沙发上
唉，今夜无眠
除了臆想，除了等待
我还能做什么……

2013-12-15

遇见你

遇见你，在那年的秋天
在江岛的葡萄园里，遇见你
绯红的面颊和甜美的笑声
在玉珠悬垂的藤蔓下快乐地跑

阳光和无名的花一同盛开着
幽香与秀色塞满了我的血管
而秋风鞣制的胸口，如同野牛
白天的目光随着你进入梦乡

亲爱的，我多想告诉你
我爱你，在我的内心深处
在我的每一个细胞。此刻
我多么渴望与你融合在一起

2013-12-16

婚外情

有人在情欲的炉膛里玩火
在爱的誓言中取乐

爱情究竟有没有边界
现实没有更好的答案

夜色是最好的遮羞布
偷欢的人目光中闪烁着泪花

明天将会是怎样的结局
道德是对人性的自然损毁

你看人言它有多么可怕
黑暗中一把利剑刺了过来……

2013-12-17

一首晦暗的诗歌

夜是一本晦暗的歌谱
被我孤独地背着
歌中唱出精神的分裂

女人居住在冰冷的山顶
阴森的门前
风伴着落叶起舞

我穿过沉重的黑幕
亡灵的呼吸布满巫术的传说
月下，孤魂异常安宁地躺着
立命于这轻浮尘世的一隅
谁在追问我的爱情故事
那不经意的话语刺痛了我的心

2013-12-18

【注释】

12 月 17 日，老愚亡妻的生日。老愚谨以此作献给她以作祭奠。

医院途中的偶感

ICU 重症病床上
弥留之际的人眼角挂满了泪水
他留恋这个纷扰繁杂的世界
在最后一个冬季来临时
他把一生的梦做完

医院外的墙角下
一位乞讨的老妪是幸福的
她不知道什么叫尊严
眼眸却充满着希望
只要讨钱罐今天能被填满
她儿子的婚房又多添了几块砖

过往的汽车发出尖锐的叹息
它嘲笑着人性的堕落
我们是否在啜饮了太多的甜蜜后
却在甜蜜中
让自己的幸福感夭折

2013-12-19

黑夜的救赎

只为你而歌，在情感的王国
我无悔地把灵魂囚禁，含泪
期待你的救赎
只在夜里而歌，唱给月亮听
月光下的那条小路，曾经
刻满了山盟海誓，和
如今只剩下的孤独身影
幸福过，才知道我那情感的天空下
都是你馈赠的土地
痛苦了，才知道在爱的世界里
从来就没有风轻月朗
未来还有多久？孤独的夜我等你
在明晨阳光升起的时候，别让我哀泣
夜太深太沉也太长
我怀抱着希望已很久很累
如此深沉的黑夜，以至我认为
我的余生将是一片灰暗

2013-12-20

拜谒孙中山陵寝

一座雄伟的
圣殿，它的高度
穿透云的记忆

你睡去了
在汉白玉的床上
那么静谧，那么安详

当朝圣者从世界的
四面八方拥来
有谁在追忆？
遥远的故事
沉缅于闪光灯下
撒向广袤的土地

你的凝视
又回到了当年，如同
启明的星辰
你思想的胚胎，在
母亲的子宫里，已孕育出
主宰沉浮的巨龙

一座雄伟的

圣殿，它的根基
筑在了人民的心中

2013-12-20

写给我，也写给你

你不能因为内心的焦灼
而失去脸上的笑容
必须学会隐忍，然后
把生活的脚步放慢。黯淡时
拨亮心中的那盏灯
决不能让一时的失意
泯灭了未来的希望

振作吧，在你的梦境——
黑夜里闪烁着你的思想
看如水的月光流进你的心田
一泓池塘的蛙鸣
返还一片失忆的空灵
当黎明取走最后一抹夜色
你将会迎来新的光明

2013-12-21

请你不要伤心

我走了，请你不要伤心
更不必落泪
快把你情感的大门关上
让我孤单的身影
背着空空的行囊
消失在远方

不是我冷酷
更不是我不爱你
在我屯满悲伤的小屋里
已容不下爱情的盛宴
我需要的只是宁静
和心灵的独守与回忆
我走了，请你不要伤心

2013-12-22

圣诞的咏叹调

圣诞之夜，
我们做弥撒去吧！
唱诗班的歌声，
在教堂的空寂中
萦绕，回荡。

该怎样赎罪？
我们虔诚地跋涉而来，
又虔诚地跋涉而去。
其实，只有两步，
一步是天使，
另一步是魔鬼。

2013-12-23

一种情绪

从岁月的缝隙，无意间跳出
一位喜爱诗歌的人
他爱笑，却很孤独
他同这个世界
总保持一首诗的距离

平淡无奇的人生
总幻想飞跃整个大海
又飞不出自己的内心
如同一条小鱼
栖身于浅显的小溪
却误认为这就是大海

或许他命运的诗篇
早已在前世写就
今生的迷失，在人间
似梦里来去，那梦中
仍传出坚实求索的脚步声

2013-12-24

古城的担忧

炫丽的朝霞，将钟山映入天空
一座古城就在下面，闪着深邃的光
城墙上的弹孔，依稀可见
屠城者退回到大海之隅，只剩下
受难者的步伐，在石头路上疾驰
岁月留在了秦淮河上，一条古老的河
阅尽了古城千年的兴衰。昨天
它流淌着殷红的血；今天
它流淌着幸福的泪。大地的伤口
刚刚愈合，善良的城市正在歌唱
乌云却在远方流连，正渐渐逼近
大雨将在何时发生？是今天？是明天？
还是在某个瞬间？古城在担忧
但愿它永远也不要发生

2013-12-25

当圣歌再次唱响

圣诞的歌声，唱响在大地上
万能的耶稣——人类的救主
日复一日垒砌着灵魂的居所
并用受死拯救那些罪恶的奴仆

如此美妙的空灵，歌诵了几千年
人性改变了多少？世界可有安宁？
罪恶的奴仆依然罪恶着
不曾消停的世界，该怨谁？

梦中的黑夜多么沉重
此时，天使依然在歌唱着
而黑夜，越来越深沉

赎罪的人流没有尽头
来得人都在心中默默吟诵
这声音中还有几分虔诚？

2013-12-25

一位厂长的札记

火红的太阳刚刚升起
车间里就有，一群忙碌的人。

卧躺的车床，站立的铣床
发出震耳欲聋的吵杂声。

临近退休的老主任
正在向他的臣民发号施令。

几位搬运工，手推着小车
在库房与工位之间往返。

路过车间休息室
我看见四位工人：
一位坐在更衣柜前，刚脱去外衣
露出一副好身板。

一位看见我立刻迎了上来
不过，他显得有点紧张
“厂长，来看我们啊？
这两年还真难得看到您。”

还有两位，悠闲地喝着茶
他们的眼神似乎告诉我
对我的到来，他们不屑一顾。

一位嘟囔道："如今，什么都在涨价
就是不见我们的工资也跟着涨？"

我涨红了脸，尴尬地转身离去
耳边不断回想着工人的那一段话。

工人们多么不容易啊，我没尽到责任
回到办公室，我的心在流血。

2013-12-26

有这样一个女人

这个女人，用文字
使自己产生幻觉——
幻想做一会真正的女人
在文字中想入非非

命运多舛的女人
她的人生，决不像
文字中那么美好
怯懦，让她紧锁心扉
热烈丢在了那年的夏天

在寂静的夜晚
人们从她的文字中
掠夺了所有的快慰
却把孤独和泪水
一古脑儿留给了她

2013-12-27

空间寄语

空间里，时常
散发出你的诗香
我寻着沁鼻的诗香
撞进了你的诗怀
就这样
与你的诗结下了不解之缘

尽情地唱吧，我听着
夜色可以作证
尽管没有星星
期待未来的一天
我与你，月光下，大海边
一起畅怀，共写篇章

2013-12-27

荒唐的念头

落叶总愿为风指明方向
我站在树下，窥视着风
陡然羡慕起落叶的从容
这样的病态情绪
来得自然，也让我感动

我试图仿效落叶
让背朝向风来的方向
风柔情地推着我
脚步却无法挪动
唉，人就是人
人总是顾虑重重

日历翻了一张又一张
却在一遍遍重复着昨天和今天
在审视与被审视之后
将一颗纯真的童心收藏
嘿，这样的日子倒也平静
平静的让我觉得它太漫长

2013-12-28

精神·物质

一本诗歌集
承载着很多很多

读者皱起了眉头
这绝对与水平无关

当希望转化为泡影
一把利剑穿透诗人的心

“这并不难理解”
一位脑满肠肥的家伙说

终于开始为物质思想
灯影下竟也找不到方向

2013-12-29

黑夜的情绪

风吹打着摇摆不定的窗
蜗居在躲避尘世的陋屋
思想仿佛真得要被掏空
此刻，灵动的我
冬眠在惨淡的灯光下
满腹文章的富庶
倾刻，化为乌有

夜晚被涂抹得只剩下黑色
来来去去的人们
在 1400ML 的容积里
寻找着前世的爱缘
我被裹挟其中
洒下了多情的泪
却总是悻悻而去
空留下苍白的纯粹

2013-12-30

别揭开真相

生活总是以它的色彩斑斓
诱惑我们内心的欲望，而失望
和恐惧，虚伪与妒忌，在后面躲藏，
给步履沉重的我们不断编织着幻象。
别揭开真相，呵，人们都管这
叫作生活。看，他们说得多么平淡！
曾有思想者企图揭开它的真相——
他们想为我们找到心灵的药方。然而
他们只能是无功而返的过客，因为
这世上从来没有这样的药方。于是
我们依然在心灵的荒漠中，如同
一具具行尸走肉，戴起面具，穿上盛装，
在人生舞台上匆匆走过。这一切
在我看来都还有什么意义？哦，生活
就是这么无奈；生活就是这么荒唐！

2013-12-31

当新年的钟声响起

看你沉沦之后得觉醒
把悔恨埋进了墓园
那蹉跎的岁月，黑夜的彷徨
也随之葬在那冰冷的一年
以你热情的心拥抱世界
让美丽和感动走进你的心田

当新年钟声敲响的时刻
你无需叹息，更不必流泪
在这欢乐的时刻，怎能伤悲
过去的一年，你没有沉睡
看，一本诗集，几张证书
在嘲笑你孩童般的陶醉

现在，一切应归于平静
有如这新年钟声的远去
但别停留！2013 逝去了
快追逐你 2014 的花季
以敬畏的心和狂热的思想
让优美的旋律再一次响起

2014-01-01

饮一壶月光

饮一壶月光
走进王谢旧堂
不知那时的庭燕
如今去了何方

饮一壶月光
披一身乌衣寒霜
让这湿漉漉的夜
润泽我生涩的诗章

饮一壶月光
等在漫漫的红尘路上
今夜与谁对饮
有谁为我疗伤

饮一壶月光
沽钓三尺惆怅
只叹伊人已去
谁与我共入梦乡

2014-01-02

【注释】
①王谢：即王导和谢安，东晋时期著名的政治家、书法家，曾官拜至宰（丞）相。
②乌衣：乌衣巷在南京秦淮河南岸，三国时是吴国戍守石头城的部队营房所在地。当时军士都穿着黑色制服，故以“乌衣”为巷名。东晋开国元勋王导和指挥淝水之战的谢安都住在这里。

我该如何下笔

一盏灯　一支笔
一丝隆冬的寒意
震耳的鞭炮声
告知我新年的如期
夜色　把心底搅乱
我该如何下笔
眼中充满迷离

一杯茶　一支烟
一丝愁绪起心间
几滴相思泪
打湿缠绵的粉笺
夜色　让思念更切
我该如何下笔
难写寂寞诗篇

2014-01-03

一本发黄的日记

一本发黄的日记
定格年轻的　笑靥
在那时　公园里
在轰鸣的　如歌的机器旁
在心跳中
初恋　缠绵

一本发黄的日记
定格一段　永久的伤痛
在那时　病床上
在冰冷的　欲红的火炉旁
在心碎中
绝望　逃亡

2014-01-04

晚霞

别把夕阳的五彩缤纷
肆意挥霍
当最后一道霞光死去
你就只剩下黑暗

你该珍惜，珍惜晚霞
怀抱着霓虹绚烂的温柔
快慰地说：“谢谢你！”
然后让自己逃离
颓靡的境地

别把黑夜当作借口
晚霞已经给你很多
何不乘着美好的时光
去寻找那一篙岁月，或许
未来的故事如酒浓烈

2014-01-05

爱 如同罂粟

我在牛首山的苍翠里寻找
一串甜美的笑声　一张陶醉的笑靥
和阳光下一对相拥的身影

我们被禁锢在高尚的囚笼中
分别的凄泪　湿透了心
我　在伤口上涂抹着毒罂

佛塔后的竹林中　一只黄莺在歌唱
我困惑不解的是　人类特有的爱
对它们也有神奇的力量？

歌声停止了　我只听见
风的呼吸　和藏在密林后
那不可告人的甜蜜

2014-01-05

念想与孤独

一个人并不叫孤独
孤独是一个人想另一个人
一次美丽的邂逅
她就在我的心中
种下了孤独

有些念想宛如浮云
绝美，却无法停留
风儿一吹，散了就散了
如同错过的花季，稍纵即逝
连可怜的尾巴都没留下

也许是这段景色太过于迷人
那就让它在记忆中永远封存
但现实中我决不再回首
以免在蓦然回首的痛楚中
让念想焚毁我孤独的灵魂

2014-01-06

人物画像

一、画家
你调色，端详，
笔在画纸上疯狂。
当你悠然地点燃一根烟，
紧那罗神已在蓝天上飞翔。
人们在你的作品下臣服，
纷纷倾囊欲购它珍藏。

二、摄影师
你反复搜索、凝望，
目光所及之处，
灵感悄悄绽放。
当快门被你轻轻按下，
鲜活，在瞬间凝固；
静物，闪烁着灵光。

2014-01-07

【注释】
紧那罗神：佛教中的舞蹈女神，敦煌飞天的原型。

唢呐手

鼓起腮，运足气，
一根唢呐，
吹得是惊天动地。
喜庆的时候，
你高高昂起，
吹一首《百鸟朝凤》，
直吹得人间鹊笑鸠舞。
悲伤的日子，
你低低俯首，
吹一曲《小寡妇上坟》，
直吹得四月天飘起了鹅毛大雪。
唢呐声声，
在大地上回荡，
是苦，是甜，还是酸，
它溶进了唢呐手们，
一个个春华秋实。

2014-01-08

环卫工人之歌

遥远的地方，八百里秦川，
那是我世代居住的地方，我的故乡。
啊，贫瘠的土地干涸的河床，一片荒凉。
曲折的小路，低矮的土房，是我不堪回首的故乡。

告别了爸妈，再见了故乡，
晦暗的半生让我黯然神伤，多么沮丧。
啊，前面的道路充满迷茫，令我怅望。
生命的小船，即将远航，它将漂泊在陌生的异乡。

披着星星出，戴着月亮归，
宽阔的街道是我挥舞扫帚的地方，我的战场。
啊，用我的双手美容了城市，装点了河山。
晶莹的汗水，疲惫的身躯，额头上一片冰霜。

生活的道路，曲折又漫长，
城市的一角是我栖身的地方，我的破房。
啊，微薄的工资常常被拖欠，得不到偿还。没有户口，没有医保，孩子求学也那么艰难。

社会的轻视，路人的叫嚷，
繁华的城市它让我孤独，它使我悲伤。
啊，未来的岁月将会是怎样，路在何方？

荒芜的梦，辛酸的泪，都残留在夜色中的彷徨。

2014-01-10

致我的网友们

从荧屏的遥远
飞出一首首壮美的诗篇
轻轻地落在
寂寞无声的空间
我虔诚地拾起
默默地，默默地
把它们植入心间

繁华的都市
我在这里孤独
拥挤的人群
我在其中寂寞
唯有你的诗篇
让我充满着快乐

遥远阻隔着你我
也许今生我们都难以握手
但夕阳西下的愚夫
依然会在荧屏前坚守
我听到了花落的声音
它发生在春雨过后的巷口
就像一首缠绵的情歌
向我诉说着天长地久

2014-01-10

凤凰台怀古

穿越时光隧道
在余音缭绕的凤凰台
于黑夜与白昼的交集
李白从杯中飘然而来

生命在历史深处凝固
大地的记忆渐次模糊
我依然保持原有的感动
心在浩瀚的苍冥下孤独

我的一声叹息决不是为
一千多年前的悲喜
尘封在被时间镀膜的空旷中
杳无踪迹的凤凰台让我嘘唏

2014-01-11

【注释】
凤凰台：李白登金陵凤凰台创作了怀古抒情之作《登金陵凤凰台》。全诗以登临凤凰台时所见所感而起兴唱叹，把天荒地老的历史变迁与悠远飘忽的传说故事结合起来摅志言情，以表达深沉的历史感喟与清醒的现实思索。此诗气韵高古，格调悠远，体现了李白诗歌以气夺人的艺术特色。然而，世事变迁，古凤凰台早已难寻其迹，有诗无台一直是千古憾事。

知足就可以安身立命

打开历史这扇大门
如蚁的人们进进出出
谋生，是一生一世的轨迹

别去解人世的扑朔迷离
别去占卜命运的旦夕祸福
走累了，我们就歇歇

知足就可以安身立命
别企图吞下整个世界
苍天在上，万能的主紧盯着

时间总是按照它的规律
或打开大门或关上大门
人却是来也空空，去也空空

2014-01-12

梦中的探戈

只有上帝知道
每一天，他都在作梦
梦想成为一个诗人
站在诗坛的高台上

他孜孜不倦地
在寂寞中疾书
夜幕下的拙笔
饱蘸着激情的泪水

他感恩这个世界
在平静中过活
所有的情绪
尽宣泄在浅薄的诗歌

诗坛并非天堂
他吟诵着杜甫的诗
心在隐隐作痛
眼却向着未来眺望

2014-01-13

诗歌的出路

我常常陶醉在自己的诗意里
拈来一个好句 写出一首小作
便会引来一阵窃喜 似乎觉得
诗歌已经属于了自己 却不知
自己站在诗歌的丛山峻岭下
左突右行尚没有找到上山的路径
我常常玩弄起诗歌的机巧 却不知
自己常常被诗歌的机巧玩弄 笔下
诗歌成了没有灵魂的文字堆砌
或远离艺术 或远离人生
在似有似无的境地里徘徊
让我们把那些毫无生气的诗歌
从抽象与概念的牢笼中解救出来
走进生活 走进生活 只有
走进生活才是诗歌唯一的出路

2014-01-14

五月的情歌

一首心中的诗，唱响在月下
五月的情歌，向着远方呼唤
她在犹豫，羞涩中左顾右盼

她渐渐入睡，灵动的躯魂
一半在梦里，一半在梦外
模糊的意识依然在徘徊

我哭了，不是因为周围的黑暗
隔着神秘的夜，隔着诡谲的梦
她让我在黑夜和梦的外边等待

哦，可怜的人儿，孤独的灵魂
我只有在梦的外边继续等待
继续用诗歌，呼唤她早点醒来

太阳啊，请您快一点复活
我要借助您神奇的光亮
驱散她的梦，让她不再徘徊

2014-01-15

为了它，我不再沉默

我们厌恶政治家的坦诚
在这个肮脏的世界里

我们见证了一个时代的虚伪
灵魂也可以拿到市场上出售

当世界淹没在战火的洗礼中
飞溅的血，裹着悼词呼啸而过

人们在喧嚣中一心获取财富
疲惫的心，茫然随世沉浮

当爱情的誓言戴上了面具
恋人们依然唱起了天长地久

我并不会唾弃这个世界
只是为了它，我不再沉默

2014-01-16

如果……

如果你在明天到来
我把昨天
从记忆中抹去
抹去昨天　迎接明天
如果你在春天到来
我用炽热
把冬雪融化
融化冬雪　唤来春色
如果你永不到来
我把快乐
从生命中放弃
放弃快乐　陪伴寂寞

2014-01-16

那年的一位校长

一

批斗大会开始以后
慈眉善目的校长被押到台上
乳臭未干的莘莘学子们
用力按下他不屈的头颅

二

中世纪黑暗的幽灵
夺去了孩子们的思想
在蒙昧与迷信中
他们的狂热达到了极点

三

声讨的口号声此起彼伏
校长渐渐失去了知觉
哦，人类灵魂的工程师
自己仿佛没有了灵魂

四

他是一位多么可怜的校长
他又是一位深受过人们爱戴的儒者
他二十岁立志投身于教育事业
含辛茹苦奋斗了四十多年

五

那是一个疯狂的年代
那是一个该诅咒的年代
它终于夺去了他的健康
如今，书声琅琅的校园里
失去了一位慈祥的校长

六

今我来斯，昔他去矣
让我的诗歌不再是诗歌
而是一首安魂曲
或者是一次含泪的回忆
献给那位可敬而又可怜的校长
——我亲爱的爸爸！

2014-01-17

初遇唐诗

就在那年的早晨
我被按坐在门槛上
面对着门外的诱惑
痛苦就显现在脸上
我不愿这样中规中矩地坐着
倾听那个遥远的时代：唐朝
倾听一个不解之词：唐诗
我恨不得立刻奔欢于村野
与玩伴们在草丛中开战

就在那年的早晨
我就这样初遇了唐诗
在扬子江畔的一间小屋里
曾经的私塾先生——我的爷爷
摇头晃脑地开始向我说诗
“鹅，鹅，鹅，曲项向天歌”
他如痴如醉地唱着，讲着
我似懂非懂地听着，想着
太阳爬上了一丈多高
我才弄懂什么叫“曲项”和“清波”

就在那年的早晨
爷爷把我按坐在门槛上

絮叨的语言无休无止
慈爱的目光里充满着希望
阳光终于穿透门前的槐树
照在我稚小、蒙昧的心上
此刻，扬子江畔的小屋里
传出了祖孙俩欢快的吟唱

2014-01-19

挖凿防空洞的年轻人

那是一个血与火的年代
人们惊恐的就如同老鼠
山洞里“突突”地响着凿岩机
阴暗潮湿的掌子面上还有
光着脊背、挥着镐头的
一群疲惫不堪的年轻人

爆破声日复一日地响着
山洞在缓慢中向前爬行
这繁重的劳役哪里是个头
年轻人在阴暗潮湿的山洞里
唱起了《在那遥远的地方》
这歌声听起来是那么地忧伤

我们谁也不知明天会是怎样
我们只想唱出心中的希望
在阴暗潮湿的山洞里
一群光着脊背、手握镐头的年轻人
仿佛从忧伤的歌声中依稀看见
从光亮处走来自己心爱的姑娘

大山压制了原始的呼唤
只有忧伤飞向洞外的星际

在阴暗潮湿的山洞里
只剩下凿岩机的“突突”声
和镐头砸在石头上发出的声响
今天依然和昨天一样

2014-01-19

让时间永远定格在那一刻

当年，你和我
一架机器旁
我们谈天说地
你甜美的笑容
含情的眼眸
深深地印在
我的脑海中

满含激情的情书
带着男儿胴体的幽香
从我的心间出发
飞进你的心扉
长夜里，月色下
在你的眼中
闪着激动的泪花

你可记得
那蜿蜒曲折的乡间小路
路旁有无名的花朵
几只蝴蝶翩翩起舞
你漫步其中
宛如那美丽的花仙子
让我如痴如醉

你可记得
那幽静深长的城中小巷
月色下我送你回家
你眼睛里流动的情与火
足以把我心魂融化
我多想让时间
永远定格在这一刻
让它永恒成
我一生最美的画卷

当年，我和你
一颗银杏树下
我们约定了终身
你甜美的笑容
深情的眼眸
永远地印在
我的脑海中

2014-01-20

医生

不想与你靠近
我怕你的诊断书
会摧垮我
脆弱的神经

不想对你说再见
世间的路有许多
而遇见你
就如临莫测的深渊

但我又不得不说：
医生，我爱你！
人类躯体的错码
必须靠你来纠正

你用精湛的技艺
免除人类疾病的痛苦
还唤醒了
绝望中重生的希望

你不是诗人
却用听诊器、手术刀
写下人类最壮美的诗篇

白衣天使，你的使命
就是救死扶伤！

2014-01-20

梅花姑娘

正月里白絮飘飘的山峦
那是游人览胜的地方
抬起头我观望天上的幻象
正月里梦见妩媚的春光

早春时分我有恋花的情结
我与她在山顶曾有过一次眺望
那是一段人与花、花与人的情缘
漫山流动的是沁人的芳香

我等待你，隐藏在
白絮飘飘后梅花的芬芳
也等待你，梅香里
向我款款走来的美丽姑娘

2014-01-21

修路

玄武湖畔，寒冷的冬季
一群刚满十六岁的孩子
被驱赶到雪地里抢修公路
湖边的铁皮小屋里
不时传来厉声的呵斥

一锹铲下去
结满冰碴的黑土地上
是一张张痛苦的脸蛋
一副副稚嫩的肩膀上
压着的是装满饥饿的泥筐

百花齐放的春天里
就在这美丽的玄武湖畔
西哈努克面带微笑走在
孩子们修筑的路上
刚刚脱下泥装的孩子们
欢呼声响彻在玄武湖畔

2014-01-21

献给煤工

黑暗中，我看见一群幽灵
挥臂在掌子面上，他们是煤工。
铲起一锹汗水，是辛酸？
是希望？多出煤是他们
最后的感觉。煤，是煤工
全家今日的三餐；煤，是煤工
生命延续的承载。一路走来，
鲜活的生命，捆绑在恐怖的地下。
微弱的灯光，照着黝黑的脸庞，
照着通往自己墓地的巷道。
我们何来生命的能量？
燃烧的炉膛，明亮的灯光，
是瘦骨嶙峋挥汗如雨的煤工；
是呼吸着致命毒瓦斯的煤工。
我爱你，可亲可怜的煤工，
既然我们无法改变自己的命运，
那就让我陪同你们一起
苟活着，疼痛着，也热爱着……！

2014-01-22

送给称霸者

航母驶来了，航母驶来了
它跨过浩瀚的太平洋
驶向东南亚，驶向地中海
驶向 M 国认为它该去的一切地方
那一尊尊硕大的炮管
张开了血盆大口
那飞速旋转的螺旋桨
划开了一道道血浪
这是一个毫无道理的世界
强者都以欺负弱小为荣

然而，自由和正义
以及人类反抗的声音
定会结合起来，一跃而起
谁能抗拒这雄浑的力量
一个人的躯体可以死去
但死不了的是民族精神
那些所向披靡的称霸者
终将会被后来者击倒
那些主宰他人命运的强者
必将会向崛起者求饶

历史早已蘸着亡灵的血
为称霸者写出庄严的忠告

2014-01-22

给"三联动"改革中的权者

你们富有了，工人们却一贫如洗，
大家同时参与了“三联动”改革。
而如今，人们还在为此高歌，
工人们的悲剧，权者们的狂欢！

整个过程我都认为是
一场精心设计，我仿佛看见你们
在黑暗中，张开血盆大口：
国有资产是你们免费的午餐！

只可惜，迄今为止人们也无法揭穿，
一场前所未有的震荡后，
工人们除了血肉之躯一无所有，
而你们却在一夜之间富甲一方！

时代为你们打开了一扇门，
却关闭了工人们的一扇窗。
但我仍然在以微弱的声音呐喊，
这呐喊声听起来如同是在哭丧！

你富有了，工人们却一贫如洗，
这难道就是我们所期待的改革？

如此而已，你我在同一个世界里，
唱着不同风格不同曲调的歌！

2014-01-23

【注释】
“三联动”改革：2004 年，某市国有企业开展了一场轰轰烈烈改革。所谓“三联动”改革，是指把人员、资产、负债捆绑在一起改革。

我的表舅

他已在时间中老去。
四十年前的今天，
在钢花飞溅的高炉旁，
他手持钢钎，
像一尊威武的雕像。

他依然活在过去，
常对后辈们说：想当年
俺可是令人羡慕的
钢铁汉！后辈们哄堂大笑，
使他带着忧伤的泪水，
顺着回忆簌簌落下。

当他清晨拎着饭盒
匆匆出门，向那熟悉的
却又渐渐陌生的钢厂进发，
所有的人都保持着沉默，
泪水偷偷洒在他的身后。

而时间就是这种东西，
总悄悄溜走，曾经的年轻

只留在久远的记忆。他的目光
也不再如炬，絮叨的
自言自语，已无人愿听。

2014-01-23

二疯子

他在兄弟中排行老二
他是一个地地道道的农民
由于只在识字班上折腾过几天
斗大的名字他写出来龙飞凤舞

过去他略显得有些木讷
平日里也多是抑郁寡欢
一场“文革”他如同打了鸡血
小小村庄让他搅得鸡犬不宁

黑夜里他疯疯颠颠走街串巷
东拉西拽网罗着革命战友
批斗会上他慷慨激昂口沫横飞
声泪俱下痛说起苦难家史

背地里人们说他犯了神经
就连撒尿也都远离他几分
但他却以此而洋洋得意
言行举止越发显得疯颠

十年“浩劫”终于结束
一场豪赌中他下错了赌注

唯有“二疯子”这个绰号
陪伴他走完人生走进坟墓

2014-01-24

问你，激情还能燃烧多久

你激情不再，我试图放弃。有时
我假装没有看见，有时我故意关掉手机，
但今晚我又向你发出邀请。咳，昨天
我还对你说过："彻底分开！"恐怕是
我已从心底染上你的"毒瘾"。

打开尘封十年之久的记忆：
一个小湖边，一群锦鲤游过。
夕阳下，两个燃烧的人。林中
两只小鸟正在打情骂俏，忽听
一声枪响，飞走一只，剩下一只
惊恐地呆立在树梢上。昏暗中
你我对视一下，然后陷入久久地沉默。

唉，它为什么逃走的如此仓惶？
我一阵酸楚。黑夜袭来，烈火重新燃起，
可湖面总有一双惊恐的眼睛。
而月亮隔着一层薄云，时而探出头
好像在问："你们何时燃烧殆尽？"
如此场景，现在想起来也绝非是虚惊。

2014-01-24

孤独者的自恋

这个年龄尴尬，睡得少。
深夜我醒来，直到
黑暗渐渐消退，
我的眼睛，像窗外一样模糊。

我会继续我孤独的快乐，
人们怀疑。我端坐起，仔细
从镜子里端详起自己：
一副金丝眼镜，压在坚挺的鼻梁上，
镜片后，一双迷人的小眼睛，
倒也有几分可爱……。
这是在自恋？我重新整理一下情绪。
夜褪去，窗外，一片光明。

风卷走我的疲倦。终于
我从紊乱中挣脱，一行小诗
随着太阳的升起疯长，进而
永远地定格在纸上。

2014-01-25

把爱刻在心上

清晨，我端坐在阳台上，
阳光透过玻璃，照在我身上
十分暖和。我始终看着窗外，
今天，天空多么晴朗！

蓝天里飘着几丝淡云，
显得特别白。小区里
有了一些躁动，也许
这窗口就是一方世界。

思绪沐浴着阳光前行，
穿过时空，穿越过往，
飞向远方的她，
一位迷惘中的女人。

我会用一生的坚守，
偿还她昂贵的情债。”
一个半老的男人，用笔
将此话刻在了心上！

2014-01-25

烦恼

我一直以为
只要把心藏在坚固的壳里
再做一次宏大的道场
烦恼就会减少
实则不然，现实里
世俗在拼命地追剿
烦恼淹没了心
烦恼还是没完没了

而每一次烦恼过后
我都十分懊恼
是壳不够坚固
还是世界太过于纷扰
人啊，真是难以逃脱烦恼

2014-01-26

山谷里的感动

在山谷里大声呐喊
之后静静地聆听
声音穿透气流
撞在对面的山上
接着，被遣返了回来

风，划破衣裳
然而，我的身体里
却始终保持着热量
我又一次看到
一对颤巍的身影搀扶着
搀扶着慢慢走向衰老

2014-01-26

钱与肉的交换

如花似玉的女人
肯定明白
躺在她身边的
脑满肠肥的家伙
并不是她的所爱
而脑满肠肥的家伙
也一定知道
正在施展各种招数
向他撒娇卖俏的女人
并不爱他
酥胸坦露，赘肉叠加
在淫荡呻吟的背后
分明藏着
野性的肉欲
和对金钱的渴望

2014-01-26

我该如何回答

我该如何回答，时空的羁绊
我无法挣脱。
你把心扉敞开，如雨伞。
此刻，窗外的月光照在床前，
照着你疲惫而忧伤的容颜。
你说："爱无需理由！"我
却如此怯懦，欲语还休。

我真不知该如何回答。
天明的时候，我步出庭院，
空气里悬浮着一夜的忧伤，
然后顺着呼吸，沉积于心上。
目光所及之处，快乐的孩子
在空地里奔跑，温暖的阳光
照在他们的脸上。

2014-01-27

与诗歌无关

湿地里落下一群候鸟，撒下
一地的绒毛。我藏在枯黄的芦苇中
听见有人在亢奋，有人在呻吟
而这一切都与痛痒无关！
我一生写下太多的爱情和悲伤
笔中的隐痛，只有自己知道
你们看，我斑白的头发，衰老的容颜
还有那看不见的哭
都在我的诗歌里
陷入无人理会的疯长

2014-01-27

当爱死去

既然我们的爱情，我们的缘分，
我们的一切，都即将死亡，
那你还等什么？快，
请用刀扎进我袒露的胸膛！

从此，我不会再为你忧伤，
也不会再有痴情的张望。
哦，是我曾经的最爱——你
亲手把美好的已往埋葬！

然而，爱情在临终那一刻，
如果能豁然停止无益的叹息，
对你我相背而行的未来，
或许能留下最后一丝温存。

之后，就让我孤独地死去，
没有悔恨，也没有哀号。
呵，但愿你能用你一滴眼泪，
为我洗去临终前最后的悲怆！

2014-01-28

我变了

人们都说我变了，
我变了吗？
是变了，变得面目全非，
人们的眼睛是雪亮的。
我的头发已经花白，
可我昨天还是年轻人。

我的昨天，
像一座上满发条的钟，
不知疲倦地转着。
没有目的，没有奢望，
当人们需要它时，
只凝视几秒，
然后，目光匆匆离开。

钟是不会有心计的，
也不善于投机，
它有它的运行轨迹。
可我是人，
一个有血有肉有思想的人。
所以我开始用审慎的目光，
打量一下变幻莫测的红尘。

于是，我变了，
变成一个远离喧嚣；
一个不再与人敞开心扉；
一个没有激情和热烈，
日夜龟缩在坚固的壳里，
只与文字交谈的沉默人。

2014-01-28

人生旅途

你从七十年代踏入红尘中旅行
四十年后你悻悻而归。你说
人生就是一段苦难的历程
潮湿的行囊，浸满着泪水
你无功而返。在途中，你邂逅了
一位美丽的姑娘，自此，苦难的旅途
你有了歇脚的驿站。可你偏遇一场
凄风苦雨，你的天空夜沉星暗
未来的路，你又行孤影单。你曾
钻入书中寻找答案，苦读十年
依然没有找到前行的方向。你站在原野
一脸茫然，风吹得你骨痛心寒。
你的口袋里空空，没有金钱
而一只钱包早已在身上褪色、风化
你的手里时常握着一杆笔，和
展开的信笺。你说，诗是璀璨的明珠
诗无所不在。诗却在出版社里挣扎
诗在书架上孤独，它神情沮丧
忐忑不安，面对人们的疏离黯然神伤
诗像老妪，脸上堆满了岁月的风霜
但现在，你已从绝望中归于平静
犹如这风、这阳光一样平和
你静静地躺下，像疲惫的行者

认真思考起明天的行程
你似乎看到，在荒芜的原野中
长出了植被，青绿与紫红交织
你似乎看到，那拍打岸礁的巨浪
泛起了彩虹，光芒飞溅绚烂
听，那轻风，那细雨，那鸟的歌
从往日的喧哗声中突围，你
从中听出了与往日不同的温和

2014-01-29

亲爱的，我的心丢了

亲爱的，我的心丢了。
那还是在几年前，
我在熙熙攘攘的人群中看见你，
我不顾一切地去追赶，
于是，我的心丢了。

肉躯，多么可怜的肉躯，
没有了心灵，
就如同一具僵尸。
我想找回心，
沿着奔跑的来路，
沿着旧日的足迹，
我去寻找。

天，天下起了雨。
我的心啊，
你丢在了哪里？
这时，我想到了你，
不知你如今又在哪里？

亲爱的，
你看见了我的心吗？
它是那么赤热，

它是那么鲜红。
我沿着你去的方向寻找。

2014-01-29

除夕之夜的情绪

信息飞来
勾起我心中的幽思
温馨的话语
撩拨我沉醉的情怀

一个我千遍万遍呼唤的地方
一位绝色女子，她
临窗眺望，秋波频放
这来自远方柔情似水的情感

一缕清风恍惚飘来
穿行于华灯初上的楼前
一扇小窗，一张愁容
月光下，鞭炮声中寂寞的独饮

隔壁高歌的女人
根本不懂音律
也唱不出歌中的情绪
今宵，谁为我斟一杯消愁的美酒
独对月色，我酩酊大醉

我想写一封信给你
却不知邮递员他在哪里

2014-01-30

唱起新年的歌

震耳欲聋的鞭炮声
在大地上炸响
它是喜庆的歌儿
它是祥和的歌儿

阖家团聚，推杯换盏
笑声一浪高过一浪
它是快乐的歌儿
它是幸福的歌儿

愿天下所有的人，今夜
把爱在心中唱响
它是真诚、仁爱的歌儿
它是自由、和平的歌儿

2014-01-30

主义的崇拜

我崇拜过存在主义
“存在即是合理”
可萨特并不能告诉我
我的存在有何道理
站在食物链的顶端
我消费着这个世界
除了写诗，写百无一用的诗
我不知自己还能做些什么
诗中，除了爱情，还是爱情
哦，我差点忘了
有时我也会来点愤怒
可这愤怒谁人会听
后来，我渐渐明白
人类并不需要什么主义
为活着而活着
这是人类最朴素的真理
咳，我一不小心
又堕入了超现实主义

2014-01-31

月下的独白

我，一个狂人，带着狂热的畅想
悄然把你征服。蜜蜂和花蕾
二者合一。今夜，你就是我的女人
风，为我奏响凯旋的舞曲

你柔软得像飘浮的羽毛
我拥抱着，仿佛拥抱着整个世界
月光透过窗棂，洒向你的胴体
你是如此眩目，美令我难以置信

在臆想中思索了多少艰难的日夜
冲动，怯懦，再冲动……
终于有了今天最后的冲刺
一部恢弘的交响曲在夜月里奏响

今夜我的灵魂有了确切的归属
看着你睡去时眼角的泪水
哦，那一定是你梦中受伤的隐语
乘在天亮之前，我认真思考起明天

2014-01-31

风中的情绪

呼啸的风
掠影而过。飘落的枯叶
沿着路台
翻卷，飞旋.

若你置身于此景，定会
撩起隐没的愁情
长久的凝视，疲惫无语
一声嘶吼，声泪俱下

不该在颓败的风景里
停留太久，你怕
引起太多的伤情
收起怅望，你沿着来路
寻找着春的迹象

2014-02-01

灰涩的青春

一部车床
车削着灰涩的青春
零乱的车间一角
灰白相间的零件
于天明前
排成宏大的队列

我拖着疲惫不堪的脚步
敲打着饥饿的饭盒
在晨曦里
走进人声鼎沸的食堂

儿时梦想的航船
搁浅在岁月的浅滩
躺在臭虫横行的木床上
一把口琴吹出了无限伤感

2014-02-01

海燕

海燕，你是大海的精灵，
你的生命属于大海！

晴空万里，海天一色，
你昂首天外，
像黑色的闪电，
掠过氤氲的烟波，
直插云天！

狂风骤起，雷雨交加，
你俯瞰海面，
像黑色的幽灵，
穿过汹涌的波涛，
尽情歌唱！

看啊，大海归于平静，
璀璨的火云，
已在天际弥漫。
勇敢的海燕，
在海平线上，在蓝天上，
飞翔，飞翔！

海燕，辽阔的大海是你的家；
波涛汹涌的大海是你的眷恋！

2014-02-02

梅岭恋曲

晨阳，从地平线探出火红的圆颅
微笑着，让燃烧的光芒
穿越梅岭、竹海、溪流……
映照着苍翠的钟山。

感奋于眼前初绽的梅花，
那催醒春天流落的色彩，染红了山野，
轻风吹过，散发出扑鼻的幽香。
谁，落下了醉舞的心魂？

贪婪梦想的翅膀，飞过天际。
谁，隐现的含笑，沉醉迷人。
颤栗、热烈的吻，在梅岭上
唱一首旷古绝伦的恋曲！

2014-02-03

我们的真理

醒来吧！
在梦醒已后，
我们每一个人
都应该明白
人不能总活在梦里。

如果你现在问我：
“什么是真理？”
我不知该如何回答。
哦，那些熟悉的语言
不过是蛊惑人心的谎言！

我们不需要真理，
我们只需要活着；
需要一片蓝天
让我们自由地呼吸；
我们还需要爱情。
若是有真理，这些
就是我们最朴素的真理！

2014-02-04

激情燃烧的岁月哪里去了

那激情燃烧的岁月哪里去了？
我在篮球场上像骏马一样奔跑；
我在拳击台上像狮子一样勇猛；
我在机器一旁像战士一样冲锋；
我在赛诗会上像诗人一样激昂。

激情燃烧是抑制不住的青春躁动。
宿舍里我解开衣襟赤裸起壮实的胸膛，
镜子前欣赏着自己并还有点得意洋洋。
我那一封封富有诗意充满烈焰的情书，
曾招来面若桃花的姑娘们趋之若鹜。

激情燃烧的岁月啊，你到哪里去了？
你曾给我多少快乐、多少风流、多少梦想。
而如今你却如同镜中花水中月，
我用祈祷和泪水也没能把你留住。

2014-02-05

爱需要真诚

别对爱情的错误视而不见
别以为爱情只有甜蜜和思念
如果将爱情扣上了锁链
那爱情定会使人觉得厌倦

欺骗只能让爱火燃烧瞬间
爱的誓言也并不能保证永远
如果相爱的人不能真诚相见
那爱情定会跌入万劫不复的深渊

2014-02-06

诗人简介

祁寿星，笔名愚夫，1954 年生于南京，毕业于江苏省委党校，南京某大型企业高管，南京市诗词学会会员，江苏省诗词协会会员，中国诗歌会和世界诗人协会签约诗人。自 80 年代末开始学习诗词创作，先后创作了诗词近八百余首，并陆续在国内各类诗刊和网络媒体上发表。于 2012 年 9 月和 2013 年 8 月分别出版了个人诗词集《寂园星语》和《愚夫的吟唱》。在第二届“中国百诗百联大赛”中，有两首词各获入编和精品奖。另有十首诗词被《中国名胜大观》收录。

www.ingramcontent.com/pod-product-compliance
Lightning Source LLC
Chambersburg PA
CBHW031303170626
46807CB00001B/294

* 9 7 8 0 9 8 3 8 7 5 3 7 6 *